阅读成就思想……

Read to Achieve

亲密关系与
家庭治疗**系列**

Nonviolent
Parent-child
Communication

非暴力
亲子沟通

顾亚亮 史欣鹃 —————————— 著

中国人民大学出版社
· 北京 ·

图书在版编目（C I P）数据

非暴力亲子沟通 / 顾亚亮，史欣鹃著. -- 北京 : 中国人民大学出版社，2019.11
ISBN 978-7-300-27429-4

Ⅰ. ①非… Ⅱ. ①顾… ②史… Ⅲ. ①家庭教育 Ⅳ. ①G78

中国版本图书馆CIP数据核字(2019)第200967号

非暴力亲子沟通

顾亚亮　史欣鹃　著

Feibaoli Qinzi Goutong

出版发行	中国人民大学出版社		
社　　址	北京中关村大街 31 号	**邮政编码**	100080
电　　话	010-62511242（总编室）		010-62511770（质管部）
	010-82501766（邮购部）		010-62514148（门市部）
	010-62515195（发行公司）		010-62515275（盗版举报）
网　　址	http://www.crup.com.cn		
经　　销	新华书店		
印　　刷	天津中印联印务有限公司		
规　　格	170mm×230mm　16 开本	**版　次**	2019 年 11 月第 1 版
印　　张	18.75　插页 1	**印　次**	2024 年 8 月第 4 次印刷
字　　数	220 000	**定　价**	75.00 元

推荐序

我与著名临床心理学家、心理科主任顾亚亮医生相识近十年，非常欣赏他在心理咨询领域的辛勤耕耘。他一直保持着与国际专家的联系，所以他早已转变为心理-生理-社会现代医学模式下的心理专家。尤其是近些年来，他越来越关注在心理疾病发生之前心理咨询师和相关人士应该做和可以做的事情上来。

五年前，我们曾就如何从帮助一个人到让更多的人得到心理帮助进行了比较深入的沟通，感觉那时他就有了非常清晰的助人路径。三年前，他在我们中国社会工作联合会心理健康工作委员会的指导下成立了心身医学学部，致力于使用心理学的理论与方法让更多人获得健康和幸福。

《非暴力亲子沟通》的出版标志着顾亚亮医生预防大众心理疾病发生的一个开始，接下来他会有更多相关的科普图书面世。我相信，顾亚亮医生的心理科普之路会让更多的心理咨询师和社会工作者获得有益的帮助，对面临亲子问题的家长、孩子、中小学老师等带来更为直接的帮助。

作为中国社会工作联合会副秘书长、心理健康工作委员会总干事，我更多地想谈谈这本书对社区工作的意义。

第一，这是一部简单易懂却又非常实用的专业科普作品，心理咨询师及社会工作者不论什么教育背景、是否对临床心理学有深入的学习和探索，都能拿来即用，可以按图索骥，在社区中开展咨询活动、讲座或者一对一的辅导，以帮助社区居民和中小学老师解决亲子关系及师生关系中的一系列问题。

第二，本书附赠的八周训练手册非常实用，心理咨询师、社会工作者、教师以及有亲子沟通问题的家长读者可以直接通过手册与孩子一起学习、成长。

第三，本书所展现的基于人本主义和积极心理学的思想和实践，也有助于心理咨询师、社会工作者、中小学教师开拓自己的思路，更高效地开展社区青少年及学校工作。

第四，本书作为一部非暴力的沟通手册，反复强调任何人都可以树立有效沟通的思想，可以促进心理咨询师、社会工作者在临床实践中与社区居民建立更为有效的沟通，而不仅仅限于老师、家长和青少年的沟通。

总之，我对这本书的实践有着非常多的期待，也期望顾亚亮医生率领的心理团队继续为社会工作者、心理咨询工作者、教师以及有着心理需求的居民、学生提供更多的精神食粮。

林平光

中国社会工作联合会副秘书长、心理健康工作委员会副主任兼总干事

前　言

爱孩子的父母都希望和孩子在一起的时候能够心平气和地跟孩子说话，让孩子可以自尊自信、内心安定地健康成长。然而，现实并不尽如人意，许多父母和孩子的沟通障碍重重。

我们在进行亲子沟通辅导中经常会遇到这样一些情况：

1. 父母经常说“我和孩子没法沟通”“我的孩子不想上学，我问他为什么，他什么都不跟我说”；

2. 父亲带着孩子来做心理辅导，父子两人就像陌生人一样各行其是，谁也不理谁；

3. 孩子总是在说父母如何用“为你好”的名义打击他、伤害他；

4. 一家人一起参加亲子成长课程，可是每个人都各说各的，谁也不回应对方提出的想法或问题；

5. 在亲子课程过程中，妈妈说孩子不听话，孩子说妈妈不理解他……

这些亲子关系中由于无效沟通造成的问题让家庭成员备受困扰，甚至影响家庭中孩子的健康成长。

备受困扰的父母和孩子们都亟需一本适合自己的、简便易行的、可以按图索骥帮助他们的心理自助图书。同时，心理医生、心理咨询师、社会工作者、教育工作者等也非常需要一本简便易行提升与孩子沟通能力的读物。

在过去相当长的一段时间里，我们一直在为参与心理辅导、咨询和治疗过程中的求助者及其家属寻找一本更有效的亲子沟通的书籍，遗憾的是一直没有找到。太多的关于亲子沟通的书籍都聚焦于如何让孩子听话、好好学习、给孩子自由这些表面问题，极少有能够帮助父母理清自己与子女之间的价值观念、对事物的理解及感受差异，并解决孩子自我意识与父母控制之间的冲突等核心问题的书籍。

直到数年前，我的一位求助者在咨询快要结束的时候向我推荐了由人本主义心理学家马歇尔·卢森堡（Marshall Rosenberg）博士所著的《非暴力沟通》（*Nonviolent Communication*）。他认为这是一本可以帮助他在咨询之后持续成长的好书，期望我也能有所了解，以便帮助他更好地理解和使用这本书。

在拿到这本书之初，我对其非常不以为然，以为又是一本毫无实际价值的时髦“心理”读物。不过为了满足这位求助者的期待，我花了几天的时间阅读了全书，却意外地被这本书的内容所吸引。

《非暴力沟通》和一些言之无物的时髦读物完全不同，与一些只讲技巧的冷冰冰的心理读物也不同。它是一种爱的语言，细致入微地使用简单、系统、有效的方法，从多个角度教授读者将思想和语言结合，有意识地使用内在的力量，让自己与他人建立联结，避免沟通中的暴力，其本质上是慈悲的给予，相互之间增进彼此的幸福，获得更为美好的生活。

在接下来的咨询中，我和这位求助者顺理成章地一起根据这本书教授的方法在咨询之外做了更多的工作，使其收获了比预期更多的成长。因此，在之后的工作中，我也有意识地把《非暴力沟通》作为自助读物推荐给其他求助者及其家属。在收到的反馈中，父母的收获最为显著，他们反映“非暴力沟通”这一理念不仅可以帮助自己和孩子沟通，也有助于对自我、配偶和孩子的内在感受的理解。在使用非暴力沟通的方法之后，不仅亲子关系变得更加融洽，自己的情绪更加稳定，夫妻关系更加和谐，孩子也能够更加独立、更有担当。

也有一些父母期望我撰写一本科普读物，以便更具体地帮助他们理解和使用“非暴力沟通”方法，系统地进行自我训练。机缘巧合的是，中国人民大学出版社正在策划出版一本关于“非暴力亲子沟通”的书，让我能够有机会将家长们的这种愿望得以实现。

本书根据我20多年儿童心理辅导、咨询和治疗的经验，并结合各种亲子沟通的鲜活故事和具有针对性的训练方法，为那些仍然没有找到适合自己的亲子沟通方式的父母提供一种可以按图索骥的创造性的亲子沟通模式。

希望父母们通过阅读本书可以：

1. 拥有一把打开心灵的钥匙，抛弃原来导致自己错误的语言类型、思考方式及沟通模式；

2. 学会带着感受、情感和孩子在一起，用更加有血有肉的语言与孩子沟通，成为一个孩子心目中充满爱、理解和尊重的父母；

3. 发生转变，学会聆听孩子，不再使用物化的、模式化的沟通模式与孩子交流；

4. 学会一种简单、有效地将思想和语言结合在一起的与孩子沟通的方法，带着慈悲的给予，在沟通中架起爱的桥梁，为彼此幸福做贡献；

5. 与子女之间不再相互责备、羞辱甚至憎恨，知道爱的沟通是为了满足双方共同的需要，通过双方协作找到相互伤害最小的沟通方式；

6. 编织亲子之间情感的纽带，帮助孩子能够心理健康地成长，学会自主选择，拥有爱、信任和尊重的能力，做到言行一致、自我滋养，感受到安全、独立，能够拥有充满乐趣和有价值的快乐人生。

同时，本书也可以作为心理咨询师、教育工作者、社会工作者以及其他相关行业的从业人员在与未成年的孩子工作或交流时的工具，以助拓展工作思路，发展出一种更为有效的与未成年人的沟通模式。

亲爱的读者朋友们，如果您在使用本书指导方法的过程中遇到任何困惑，可在新浪微博搜索 @ 顾亚亮心理医生留言，我们会给予解答。

如何使用本书

也许你正迫不及待地想实践非暴力沟通，尽快解决亲子沟通中存在的各种问题。在你的心目中，你期待学习爱的语言的步骤是这样的：

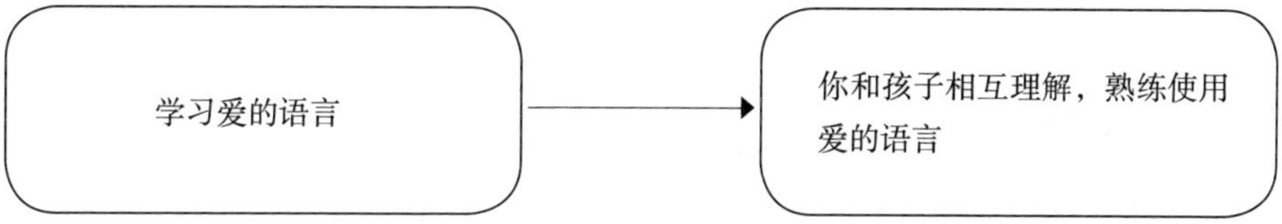

显而易见，这是一种很难实现的美好想法。尽管学习非暴力沟通对大多数人来说是一件相对容易的事情，但是过高的期待依然会让你在学习爱的语言过程中受挫，破坏你的学习积极性，让你误以为学习非暴力沟通非常困难，以至于无法坚持下来。如果你能够以下面的步骤学习和使用本书，你将在 12 周左右的时间快速成为一个懂沟通、善沟通、充满爱的母亲或者父亲。

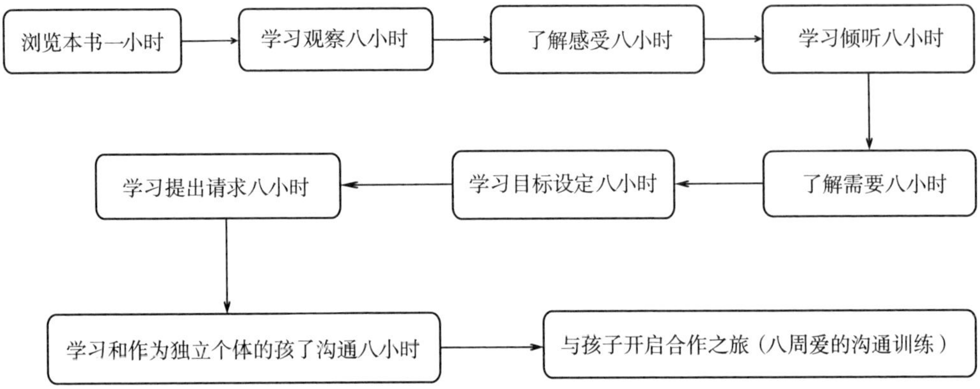

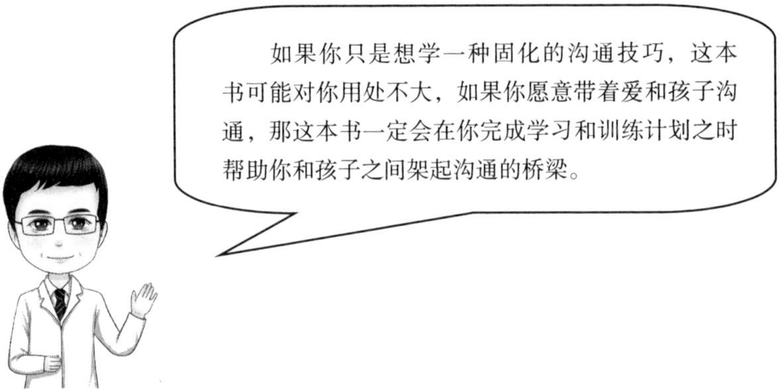

这是一本帮助父母们与孩子沟通的书，并不是一本心理治疗教科书，因此在本书中涉及的所有案例均来自作者本人的各类培训课程而非咨询与治疗个案，并业已与相关案主签订书面的知情同意书，得到案主授权在隐去其基本信息的情况下，使用其辅导记录、心理测验评估资料、来往书面和电子信件、录音、录像等相关资料，其他人请勿对号入座。

目　录

N
o
n violent
Parent-child
Communication

第1章

是什么让孩子感受不到父母的爱

在亲子沟通中，父母要做到：

- ⊙ 尽量使用有温度的语言；
- ⊙ 尽量使用客观的语言；
- ⊙ 为自己所说的话负责；
- ⊙ 只谈论自己的孩子，不和其他孩子做比较；
- ⊙ 不要对孩子使用“必须”“应该”等词汇。

我之所以关注非暴力沟通以及其他爱的语言，是因为近年来我在工作中遇到越来越多的孩子告诉我他们感受不到父母的爱，甚至会憎恨父母，也有很多父母告诉我他们的孩子不听话、不知道感恩。这已经成为亲子沟通中无法回避的问题。因此，父母、教育工作者、心理咨询师、社会工作者必须花时间了解是什么让孩子感受不到父母的爱。

心理学家阿尔弗雷德·阿德勒（Alfred Adler）在他的名著《自卑与超越》（*What life Should Mean to You*）中写道：

- 自孩子刚刚来到这个世上，他所有的行为就都是为了和母亲建立联系而做的；
- 如果孩子无法和母亲（或者其他可以代替母亲角色的人）建立关系，那必定对其人格的形成和心理健康造成负面影响；
- 母亲的技能就是指她与孩子合作的能力，以及她让孩子与自己合作的能力。这种能力没有固定的模式。每天的情况都会不尽相同，母亲必须在这些方面将自己的观察力和理解力传予孩子，以满足他们的需要。只有母亲真正关爱自己的孩子并希望得到孩子的爱，并保障孩子的利益时，这种技巧才会充分发挥出来。

阿德勒的思想是人本主义心理学思想的主要来源之一，即非暴力沟通、正面管教等许多亲子沟通模式的理论基础。从阿德勒到卢森堡都强调母亲和孩子之间无条件的爱，而这种爱正是亲子关系的基石。在亲子沟通的过程中，当父母的语言、行为让孩子感受不到爱或是有条件的爱的时候，亲子之间的关系就会出现深深的裂痕。

在许多人的心目中，父母都是爱孩子的，而这种爱是天然的。殊不知有许多父母在亲子沟通中无意识地用像鞭子一样的暴力语言一遍遍地抽打着自己孩子的心，让孩子备受摧残而不自知。长此以往会伤到孩子脆弱的心灵，从而会一点点地消磨父母和孩子之间的情感，乃至阻碍孩子健康成长，让孩子走向父母期待的反面。

当我写下上述这段话的时候，脑海中马上浮现出一位19岁女孩小Z痛苦绝望的眼神。

小Z告诉我，对她而言，“妈妈”就是以爱的名义牢牢地控制着她的一切，让她无所遁形、痛不欲生。虽然她的妈妈对她爱到了丧失自我的程度，为了她的成长放弃了自己事业发展的机会，每天起早贪黑地为她打理生活和学习的方方面面，跟随她上学的步伐一次又一次地搬家。可以说为了孩子，她妈妈做了该做的和不该做的一切事情。

事与愿违，小Z和妈妈的感情却随着妈妈越来越多的付出变得越来越淡，直至变成桎梏。而导致这个谁都不愿意看到的结果的直接原因就是这位妈妈在亲子沟通中过多使用了理智分析、判断、下命令，极少谈论情感和内心需要的语言方式。

在小Z年幼的时候，她妈妈经常说的句式就是“你必须……”尽管这位妈妈可以满足孩子衣食住行中的各种要求，却没有注意到小Z最期待的是妈妈坐下来倾听她的喜怒哀乐。当小Z因为高考失利情绪几近崩溃、期待母亲的温暖安慰时，妈妈却在意识到女儿的情绪已经出了问题的时候，也没有及时有效地给予孩子情感回应，而是按照自己的想法带孩子出国旅游散心。结果孩子大学入学之后情绪问题越来越严重，即使妈妈放下手中的工作全天陪在孩子身边，也早已经无济于事，只能让孩子休学住院治疗。

令人遗憾的是，这类父母几乎付出了自己的所有，而孩子感受到的却是厌倦、仇恨、苦恼。这样的案例并非个案，在我们的各类亲子沟通课程及亲子关系咨询中比比皆是。

F同学是一个家境优越的独生子，从小聪明可爱，但他却从上初中开始就持续地情绪低落，到高中时甚至渐渐地陷入了抑郁的深渊。高三时，F同学因严重抑郁而对外界的声音极度敏感，细微的声音都会让他惴惴不安，内心一刻也得不到安宁。他告诉我他成为这个样子，都是父母长期用语言的钝刀挫伤他的结果。F同学清楚地记得，他的父母从他四五岁开始就总在说一句话——“笨鸟先飞早入林”。这导致F同学认为自己在父母，尤其是母亲的眼中就是一个笨小孩。此外，F 同学的妈妈还经常给出“你就是没有耐心”“你的长相成功地避开了我和你爸的所有优点”“你粗心大意”“你的胆子比老鼠还小”“你什么时候考试成绩能比小南好哪怕一点”诸如此类的负面评价。在这种持续的负面评价下，F 同学对来自他人的负面评价越来越敏感，以至于到后来任何风吹草动都会让 F 同学因担心有人要指责他而紧张地竖起耳朵。而他与父母的关系也在高三达到冰点，F 同学自己搬到了自家的另一套房子独住。

绘画上颇有天赋和灵感的 H 同学在他自己画的四格漫画中把父亲描绘成大灰狼，而把他自己画成一只瑟瑟发抖的小羊，被驱赶到一片看上去肥美的草原上，而大灰狼则在一边垂涎欲滴地等待小羊长胖后成为自己的盘中餐。H 同学的父亲对此感到非常困惑，自己风里来雨里去地接送孩子上各种培训班，完全没有自己的生活，怎么在孩子的眼中自己却成了大反派了呢？在 H 同学的心目中，父亲并不是在为他付出，而是在做一项“投资”。父亲的付出不是为自己好，而是父亲自己在某一天收获超值回报。H 同学之所以有这种感受完全是因为每天在他耳边响起的都是父亲的喋喋不休：“这一次为什么又没考好？”“考不到第一名就不用回来见我”“考成这个样子，你对得起谁？”“不替我考个好成绩，你还有脸吃饭？”从来就没有对他的感受和需要给予关注，所有的一切都是为了父亲自己的面子和投资回报。因此他认为父亲就是把他当作一只养大待宰的羔羊，一切所谓对他的好就像任何一个牧场主对他养的羊一样，是为了受益而非父爱。

很多参加我的课程的父母本人也是暴力性语言的受害者，他们会将自己童年习得的语言模式用到自己的孩子身上。一直被强迫思维所困扰的 J 先生即使已经成为孩子的爸爸，仍然对自己的童年记忆犹新：

我的父母总是喜欢说“你这样，让我们没有面子”这一类的话。比如，“看见叔叔也不会打个招呼，让我们丢脸”“考成这个样子，让我们都不好意思出门”“我每天辛辛苦苦地工作还不是为了你”“你不好好学习对得起谁”，好像他要为父母的生活负责一样。这让他感到完全被父母所控制，自己就像父母的囚徒一样。为此从高中起，J 先生就决心考一所遥远的大学远离父母。但在考上了一所离家 1000 多千米的大学之后，J先生却又感到茫然无措。毕业后，J先生在学校所在的城市仅仅工作了一年又匆匆返回故乡。返乡后不到三年，又因受不了母亲的唠叨和父亲的指责不得不再次背上行囊远行。在成为父亲之后，J先生在不知不觉中也使用了和自己爸爸一样的语言模式去对待自己的孩子。

有时年轻的爸爸妈妈们试图改变原生家庭的语言模式，却总也不能达到自己预期的目标。

S女士已经是两个孩子的妈妈了，大概从小学高年级起，她的情绪就一直处于抑郁状态。她是这样评价自己的童年的：

我就是家里多余的那个。在我的印象里，每次考试完，我的父亲都会一脸不屑地对我说："你看你能有你哥的一半好，我们就知足了。"我父母也总是在各种场合里炫耀我的哥哥，而我为了避免被羞辱的感觉，极力缩小自己的存在感。以至于后来一家人外出也常常会忽视我，将我丢在一边。与自己的父母关系也就渐行渐远。

在成为妈妈之后，S女士非常刻意地注意自己的言行，期望自己的孩子不再像自己一样受到伤害。可是她的两个孩子还是过度依赖她，每天只要看不见她就各种哭闹。

停一停，想一想

在这五个案例中，哪些话或沟通方法让孩子心中感受不到父母的爱呢？可以将你此时的想法写在下面。

____

____

如果你还没有自己的答案也没有关系，这本书就是帮助你学习如何发现亲子沟通中的问题、如何理解孩子、如何与孩子沟通、如何与孩子建立爱的联结的。你可以带着你的疑惑继续阅读本书，相信读完本章，你就会清楚这些孩子和父母之间发生了什么样错误的联结，以至于让备受宠爱的孩子感到的却是满满的痛。

没有温度的沟通让孩子感受不到爱

上面的五个案例已经从不同角度揭示了在亲子沟通中阻碍孩子感受到父母的爱的不同原因。我看过一组“新小蝌蚪找妈妈”的漫画，其似乎更直观地呈现当代亲子沟通问题的实质：

一群小蝌蚪辛辛苦苦地找到了自己的妈妈，正想欢快地投入到妈妈的怀抱。结果青蛙妈妈开口的第一句话就是“作业写了没？”小蝌蚪们转身就走，边走边说：“这一定不是我们的妈妈。”

我想画家想表达的一定是只关心作业写完了没有的妈妈是没有温度的，而没有温度是阻碍孩子感受父母的爱的核心因素之一，这样的父母会天然地被孩子排斥。这让我不禁想到在初学心理学时看到的一个著名的心理实验：

实验者给一只刚刚出生的小猴子两个模型猴妈妈，一个是温暖的但没有奶水的毛绒猴子，一个则是可以提供奶水、冷冰冰的铁丝猴子。结果小猴子依恋着温暖的毛绒猴妈妈，排斥冰冷的铁丝猴妈妈，即使在吃奶的时候，小猴子也要一只脚钩住毛绒猴妈妈。

在前面的五个案例中，孩子心目中的父母或者就像漫画中的青蛙妈妈一样只看到他们的学习成绩、只关注他们现实生活中的需要，没有注意到他们内心各种丰富的心理需要。他们的父母或者看不到自己孩子在家里或学校里的其他优势；或者没有注意到自己孩子的情绪、情感变化，让自己的孩子感觉父母冷冰冰的样子就像小猴子没有任何温度的铁丝猴妈妈一样。在这种情况下，孩子们在父母那里看不到自己的价值，感受不到父母的爱和尊重。他们或是陷入深深的沮丧，或是不得不压抑着自己的愤怒、委屈，独自艰难前行。

然而，在这些亲子关系案例中，父母们也感到非常委屈，尤其是 H 同学的父亲认为自己真的为孩子付出了太多。H 同学的父亲周围的人也都说，他不是在照顾孩子就是在照顾孩子的路上。要是说 H 同学的父亲不爱孩子，那世界上可能就没有爱孩子的人了。所以，在这些案例中，亲子关系出问题一定不是因为这些父母不爱孩子，而是他们与孩子的沟通出了问题，导致他们无法和孩子建立爱的联结，让他们的爱付之东流。

这些妨碍爱的传递的错误沟通方式在卢森堡博士的“非暴力沟通”理论中被归为“道德判断”“比较”“回避责任”和“强人所难”四类。卢森堡博士认为，正是这四种错误的沟通方式造成了人与人之间直接的误解和冲突，让沟通双方在语言中感受到的是暴力而不是爱。这四种语言方式常常让孩子有一种被父母指责厌弃、忽视或让父母失望、不满的感受，从而阻碍父母和孩子爱的分享。

我在亲子辅导实践中将“道德判断”改为“评价和判断”，防止读者认为只有与道德相关的评价才是错误的、需要改正的，以应对近年来越来越多的求助者过度强调“自由发展”的情况；我将“回避责任”改为“避免负责”，即把强调求助者“逃避”行为改为强调求助者对责任的积极的“承担”；我还将“强人所难”改为“求全责备”，强调了这类求助者的人格特质偏向完美主义的特质。

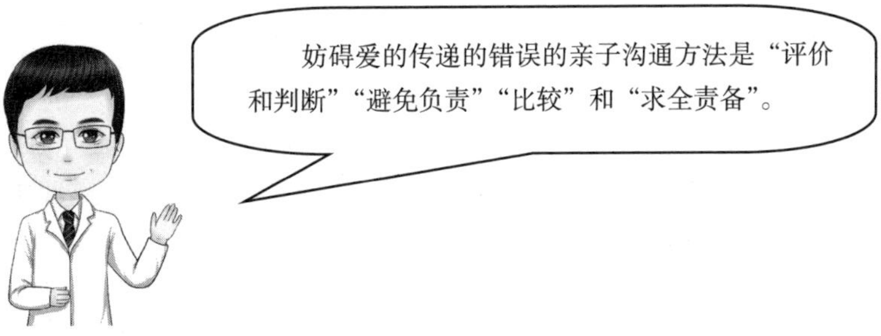

错误的沟通方式一：评价和判断

评价和判断的沟通方式是阻碍孩子感受父母的爱的首要原因，也是大部分父母习惯使用的沟通模式。

我们再看一下前面的案例：F 同学的妈妈一直对 F 做出“笨”“胆小”“粗心”“丑陋”等评判；J 先生的童年也遭受同类困扰，在他的记忆中自己就是那个“让父母丢脸的孩子”。这些评价性语言让 F 同学和幼年的 J 先生感受到的是沮丧、失望、不安，而非尊重和满足。J 先生习得了这种沟通模式，从而又把沮丧、失望、不安继续传递给孩子。

像 F 同学以及 J 先生父母这类的家长通常把不符合自己价值观念的孩子的言行当作错误、不可理喻甚至是邪恶的，并急于想通过批评、指责，让孩子遵守自己心目中的规则。不可否认的是，这类判断性语言形式忽视了父母自身和孩子的需要，让亲子沟通变得无效并充满各种外显和内在暴力。

常见的“评价和判断”式的语言有：

- 父母将孩子经常做错题评判为粗心大意；
- 将孩子做手工比较慢、学习数学比较困难评判为笨；
- 将孩子坚持自己的意见评判为不听话；
- 将孩子做事情比其他同龄人消耗的时间长评判为磨蹭；
- 将孩子学习时间较短评判为不爱学习。

这些家长完全没有想到孩子之所以这么做有可能是某种需要没有得到满足，或者替代性地满足父母某种压抑在内心深处的需要，或者孩子有自己不同于父母的价值观念。

3~12 岁孩子的主要需求是父母的温暖、关注和接纳，很容易把父母说的“笨”“懒”“磨蹭”“不听话”“不爱学习”看作父母对自己的排斥和忽视。

青春期的孩子开始思考“我是谁”“世界是怎样的”等人生问题，他们期望父母能停下来倾听自己尚不太成熟的想法，了解自己的感受和需要，然后给予指导，而非经常使用诸如“幼稚”“胡说”“无稽之谈”“你就是一个不听话的孩子”“你做任何事情都是三分钟的热度坚持不了多久”“做事不想清楚，丢三落四的”“你就是做得不对，还不承认”“你的言行太让我失望了”“你总是做错事，真是太糟糕了”“你真是没用”“你就是一个白眼狼，你以后不会有好日子过的”“你笨得和猪一样”“这点事都做不好，还好意思吃饭”之类的语言来指责、批评、辱骂、归类、评价他们。

这些判断性的语言会让孩子感觉父母是没有温度、没有爱的，从而心生敌意。经常被评判和指责的孩子为了自我保护，或者像S女士一样与父母冲突不断；或者出于恐惧或者内疚不得不向父母妥协，满足父母的各种合理及不合理的要求，把自己的需求压抑到内心深处，像F同学和J先生一样做事经常拖延，事后又常常后悔和自责，做任何事情都会出现各种没有必要的担心和焦虑；或者破罐子破摔，不论父母提出什么要求，就是充耳不闻、我行我素；或者把对父母的怨恨深埋心底，从来不会当着父母的面说出自己的感受和需要，习惯于阳奉阴违，表面上完全顺从父母，背地里按照自己的想法去做，一旦被父母发现就会用一整套蒙骗父母的方法加以应对。

停一停，想一想

在与孩子沟通的过程中，你常常使用的“评价和判断”式的语言有哪些？请写在下面：

____

____

如果在亲子沟通中你发现了问题，请你写在下面：

____

____

孩子之所以会出现这些问题，是因为“评价和判断”式的语言对孩子来说是非常不公平的，不仅仅是因为他们的言行与他们未被满足的需要有关，还因为评判是基于父母的主观期待，并不一定符合孩子自身的情况、价值观念和需要。

同样的言行在与孩子有着同样价值观念的父母看来是“令人满意的”，在和孩子有着不同价值观念的父母看来就是“不可忍受的”“糟糕的”。对于一位控制型的妈妈来说，一个富有创造力的孩子显然是“太不听话的”，一个言听计从的孩子会让她更加满意；而对于一位期望孩子更有主动性的爸爸来说，一个唯父母马首是瞻的孩子却“像一块木头”，他会更喜欢一个有丰富想象力的孩子；对于一个追求完美的爸爸来说，如果孩子做完作业多检查一遍是“认真的”，而对于一个做事风风火火的妈妈来说，孩子做完作业还要再看一遍就是“太磨蹭了”。

每个人因为不同的成长经历形成了自己独有的内在需要，并因此产生自己独特的价值观，把某些品质当作自己最重要的品质，只有具备了这些品质才会让他感到生命得到了满足。父母有自己的成长经历，由此形成了自己的价值体系和世界观，而孩子的生活环境与父母的大不相同，即使其价值体系尚未形成，也不是一张可以让父母完全自由涂写的画板。所以孩子不需要也无法为了满足妈妈或爸爸的需要而“削足适履”，父母不能也不应刻意用自己的评价体系作为模板去束缚孩子。

在亲子沟通中，父母要尽可能地使用具体的、客观的语言来呈现孩子的言行和品质。当看到孩子又做错了一道简单数学题的时候，作为父母要用“我看到你这道题做错了”替代“笨死啦，这么简单的题都会做错”的说法。当父母看到孩子把厨房里的东西弄乱时，不要急于说：“你这孩子怎么这么讨厌，把东西弄得乱七八糟的。”而是要试着说：“我看到你在厨房里摆弄东西，能告诉我你在厨房里做什么吗？”

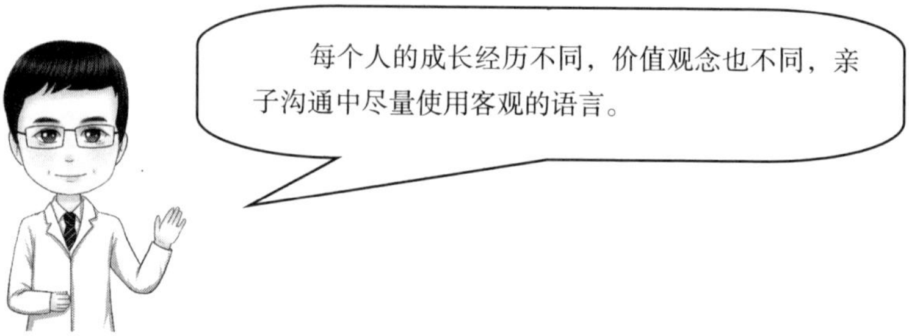

当然，孩子又是不成熟的，他们常常被外界纷繁复杂的信息所诱惑，导致行为

偏离自己的需要。所以，未成年的孩子还需要父母根据倾听的内容，来探索孩子的内在需要，给予孩子恰当的引导，然后用爱的语言和孩子讨论你们之间不同的价值观念，找到满足双方需要的途径。例如，与其说“现在就这么狂，随便打同学，长大了只配进监狱”，不如说“如果你愿意，我们可以谈一谈是否有可能使用其他方式来解决你和同学之间的矛盾冲突”。使用前一种语言，孩子内心感受到的是被恐吓的暴力，而暴力最终会导致更多的暴力。这个孩子并不会因为父母的恐吓而改弦易辙；相反，大部分情况下，他们的暴力行为会愈演愈烈，最终成为一种不受自己控制的习惯。让孩子隔离自己的感受、离自己的需要越来越远，孩子就会习惯于将冲突归咎于父母。就像 2018 年初轰动一时的微信文章——《北大留美硕士万字长文控诉父母“控制与伤害”》的主角一样，将自己所有的困难、不幸、问题都归咎于父母。这时他已经完全遗忘了自己内心的感受、需要，更无法承认自己真正害怕什么，只能一味地逃避，可是即使他逃到千里之外，他的内心也仍然被深深地困扰着，最终演变为对父母的网络暴力。

使用后一种语言，可以让孩子有机会停一停、想一想，也许一次沟通并不能让孩子产生父母所期待的改变，只要父母持之以恒，用爱的语言沟通，孩子就能学会在发生问题和冲突时停下来思考，并做出更为有效的行为。

停一停，想一想

将这个星期你对孩子说的一句“评价和判断”的话写在下面：

____

____

如果你可以把这句话转换成爱的语言，请写在下面：

____

____

错误的沟通方式二：避免负责

成年人都知道要为自己负责，但是在实际生活中，有的父母把孩子看作永远也长不大、无法为自己负责的、需要父母的羽翼庇护的无法独立的附属者；有的父母则把自己未能实现的愿望、目标寄托于孩子，让孩子去替自己实现。避免负责的沟通方式让亲子双方都无法注意到自己和对方的需要，使得双方很难在沟通中实现情感的流动，孩子自然也很难在这种沟通中感受到父母的爱意。

父母常常挂在嘴边的“现在不上大学就没有出路，你不考个好学校将来就没有出路”“只有考上大学生活才会更好，用心读书吧”“你这个年龄只有好好念书，否则什么事也做不了”“是学生就必须学好每一门功课”这样的话，就是暗示孩子他的行为是受环境的驱使，而不是满足孩子自己的需要，孩子也不需要为此负责。

父母们常常为了让孩子有个好的未来，为孩子安排一切，如果孩子表达不满，通常会说“我们这样做是出于爱你呀！”暗示孩子不需要为自己负责，一切都可以交给父母承担。

J先生父母常说的“你这个熊样，让我们没有面子”“我每天辛辛苦苦地工作还不是为了你”“你不好好学习对得起谁”这类的话，以及一些父母时常会对孩子诉自己的“苦”，暗示或直接明示孩子要孝顺或回报自己；“我感觉（痛苦/忧伤/失望/受伤/羞耻）是因为你……”“我遭受（苦难/疾病/灾祸……）都是源于你……”等都是让孩子为父母的生活、情绪、情感、行为和未来负责，而非为自己负责。

“如果你不好好学习，妈妈就不爱你了”“你不听话，我就不要你了”暗示孩子的行为受父母的驱使。让孩子感到父母的爱是有条件的，因而心生恐惧，生怕失去父母的宠爱，于是在亲子关系中察言观色，不断地讨好父母，这样的孩子即使看上去很乖，但实际上已经失去了自我。而没有自我的人对自己和他人都非常危险，当他们忍无可忍的时候，他们的情绪就会强烈地爆发。

一些父母过度强调环境和其他外界影响，忽视孩子本身的特质而使用一些语言让孩子失去对自己负责的动力。例如，“出生在我们这样的家庭，你只有考上好的大学才能有出路”“爸爸妈妈没有本事，你不考个好大学就只能过这样的苦日子”“现在的社会就是只看你是不是名牌大学毕业的，否则，你再能干也什么都不是”。做父母的说这些话的时候，没有认真地去倾听孩子的需要，不知道孩子是否期待进入名校，甚至也许根本没有想过成为大学生，毕业之后能够找到一份父母所期待的安稳工作。也许这个孩子动手的欲望比较强烈，也许这个孩子对艺术有着强烈的兴趣，也许这个孩子擅长人际沟通，也许这个孩子对美食极为敏感，完全没有必要也无法将每一个孩子都套到“成为名校毕业生”的框子里。

当父母说表 1–1 中所罗列的那些话的时候，一方面可能没有意识到，人生的主人只能是自己，不可能是其他任何人；另一方面，这些父母也没有教会孩子做自己的主人。避免负责式的语言，让孩子感受到的只能是来自父母、社会、他人、环境、经历、角色、性别等方方面面的束缚，自由的天性完全被压制。父母使用避免负责的语言，即使说话的初衷是爱孩子的，是期待孩子拥有更美好、更幸福、更成功的未来，结果也往往适得其反，孩子只能感到被压制、被打击、被挫败、被忽视、被伤害。避免负责式的语言对孩子的伤害是不可估量的。常常被如此对待的孩子，往往会感到被父母牢牢地控制；他们或者不断地反抗，或者逆来顺受，或者边反抗边无助地逆来顺受。

表 1–1　　常见的避免负责的语言

回避责任的类型	示例
受到不明外力、神秘力量驱使	你不得不上学
基于对个人形象的印象	你就是一个不学习的孩子
源于对其行为的想法	因为你不好好说话，我才吼你的
源于他人的命令	爸爸让你把房间打扫干净
受制于社会或环境因素	其他同学都在好好学习，你为什么不学习
受制于自己的冲动	我压不住自己的火

续前表

回避责任的类型	示例
受制于角色、地位、年龄	你是个小孩，就要听大人的话
成长经历	因为我来自问题原生家庭，所以我没办法倾听孩子
出于职责	你是家里老大，要给弟弟、妹妹做榜样
为了获得他人赞誉	如果你考了前三名，老师一定会表扬你
避免惩罚	你要再不去上学，我就不给你买生日礼物了
获得奖励	你要是考到前十名，暑假我就带你去迪士尼乐园玩

这样的语境一方面让孩子为父母的生活和面子负责，另一方面剥夺了孩子对自己负责的可能。在我的授课和咨询工作中遇到的孩子最期望的生活是“自由的生活”。他们期望能够过上“完完全全不受束缚”的生活。在咨询和辅导期间，他们常常会意识到，完全的自由是不可能的，然后可能会有些沮丧，也会对父母的控制感到愤怒。这样长大的孩子要么已经习惯性地使用不负责任的语言，如“这是我父母的安排，我不得不做这份工作”“我从小就没有学会做这些事情，你现在让我怎么办”“我一直就是很依赖我的父母，根本无法自己做出决定”“我的朋友们都会买这些奢侈品，所以我一定要买”“我不想长大，大人的世界好可怕”；要么过度为父母负责，如“我不能出事，我一旦有些什么事，我的父母怎么办”“我一定要考上名牌大学，不然就对不起父母”。他们无法面对现实中的任何风吹草动，一旦遭遇挫折就会像受惊的兔子一样。成年之后，他们要么逃离父母，要么迷茫，要么一蹶不振，要么过分忙碌。他们常常情绪失控、抑郁或暴躁易怒，甚至会将情绪转化为胃肠道、心血管、免疫等系统的各种生理症状和疾病。

在我的亲子沟通课程中，长期感到被束缚的孩子会吃惊地发现，自己需要自由是因为他们从来没有意识到自己要为自己负责，自己才是自己的主人。因为一直在避免责任语境下长大的孩子，从小到大的生活都是被父母或者社会决定的。一路走来，没有想过自己有什么需要、想成为什么样的人、如何对自己负责。这时孩子会发现，没有自由只是生活中的假象，不能为自己负责或者过度为父母负责才是自己陷入困扰的根本原因。

我们编写这本书的一个重要目的就是，教会孩子知道当他成为一个独立个体的时候，就要一步步学着为自己的言行负责。例如，要明白不是“因为我是一名学生，就一定要学习”，不是“因为父母要求我学习”，不是“因为学习不好别人就看不起”，不是“同学都在学习，我不学习就没事情做”，不是“我必须要完成学校规定要完成的任务”，而是学习是一种属于他自己的需要，是他自己人生道路必不可少的一部分，通过学习，他将成为自己所期待成为的那个人。

为自己负责并非自私自利，相反，当父母老去的时候，长大的孩子已经学会为父母提供良好的物质生活和精神支撑。他们之所以能够做到在父母需要的时候承担责任，是因为当他们还是未成年孩子的时候只需要对自己的想法、情绪、行为负责，不需要对父母的情绪或成就负责。能为自己负责，内心才会收获完整、真实的自由，内心自由的孩子，才会有勇气飞翔。

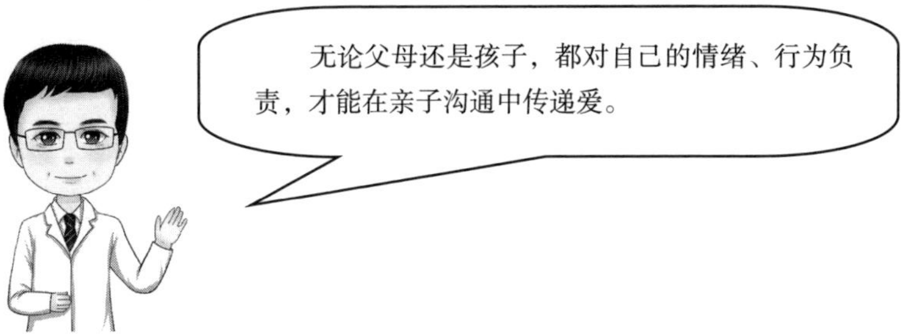

我们可以在从下面求助案例中看一看，父母是如何让孩子失去内心自由（对话 1），又是如何找回自由的（对话 2）。

对话 1

父/母：你好好想想，只有父母才不会害你，要不是你的父母，谁会真心对你好。我们让你去 ×× 市上学还不是为了让你将来能上个好大学，将来有个好工作？

孩子：你们说什么就是什么吧。

父 / 母：我们周围的人都上了 ×× 中学，你要不上就赶不上人家了。

孩子：嗯。

父 / 母：我们每天辛辛苦苦地做生意，早出晚归还不是为了你，你要是学习不好，对得起谁？

对话 2

父 / 母：你想上哪所中学？

孩子：我不知道。

父 / 母：你愿意和我们谈谈你的想法吗？

孩子：我不想去外地上学。

父 / 母：你愿意告诉我们你为什么想在老家上学吗？

孩子：这里有我很多朋友。

父 / 母："朋友"是你选择学校的一个重要因素，还有其他因素吗？

孩子：听说在 ×× 中学管理特别严，没有自由。

父 / 母："自由"也是你选择学校的一个重要因素。

孩子：其实我也很矛盾，我也有一个朋友在 ×× 中学，他说那里学习风气很正。

父 / 母："学风"也是你选择学校的一个重要因素。

孩子：我也很想上一所好大学。

父 / 母："升学率"也是你考虑的因素。还有吗？

孩子：其实 ×× 中学也挺好的，只是我不知道自己能不能适应那里。

父 / 母：你的意思是你也有点想上 ×× 中学，但是担心在那里没有朋友、太束缚，是这样的吗？

孩子：我还是想上一所学风正的学校，但确实担心学校里管得太严自己受不了。我能再多了解一下，多问几个人他们对这所学校的感受吗？

父/母：多问问，好好想想，爸爸妈妈相信你能够为自己的选择负责。

停一停，想一想

你在和孩子沟通的过程中常常使用的“避免负责”式的沟通语言有哪些，属于何种类型，如果想到了可以写在下面：

____

____

错误的沟通方式三：比较

非暴力沟通理论认为，比较的沟通方式也是破坏亲子关系中爱的沟通的重要因素。

大家都知道孩子们最讨厌的人就是“别人家的孩子”。父母们因为望子成龙，希望能刺激孩子进步，于是常常拿自己的孩子和那些他们心目中“好孩子”做比较，对孩子说“你看别人家的孩子如何出色，你再看看你比他差多了”之类的话。

在F同学的故事中，父母说的“你什么时候考试成绩能比小南好”这句话让F同学感到自己在父母心目中总是表现很差，因此断定父母不喜欢自己；S女士父母常说的“你看你能有你哥一半好？”让S女士深深陷入自我否定的、持续的沮丧情绪之中；J先生父母常说的“考成这个样子，让我们都不好意思出门”，意思是说小J和其他同学相比很差；H同学父亲常说的“考不到第一名就不用回来见我”，意思是说“如果你不是第一名，和第一名相比你就是糟糕的，不配做我的儿子”。

这些充满了比较意味的话让孩子陷入“父母不爱我，爱的是更好的那一个”的想法当中，或者因此始终感到自己不够好，对自己的期望异乎寻常地高，导致孩子永远不相信自己能够做到平均水平以上，每次做事之前都要反复思考是否有遗漏；或者认为父母是不爱自己不合格的父母，会带着愤怒的情绪和父母对峙，不断试图用亲子冲突唤醒父母的爱。同时，也会让孩子在父母持之以恒的否定当中陷入种种自我否定甚至厌弃当中，更糟糕的是，这种自我否定如果不能得到有效的疏导，将常常会伴随孩子的一生。

更为不公平的是，有的父母甚至拿自己有表演天赋的孩子和邻居有数学天赋的孩子比较数学成绩；拿自己擅长写作的孩子和亲戚家擅长人际交往的孩子比较社交才能；拿自己懂事听话的孩子和那些活泼开朗的孩子比较谁更阳光。我们相信父母之所以这样做，是期待孩子更完美一些，有更好的未来。殊不知，“比较”用不好，只会让孩子变得更糟糕。

卢森堡博士在他的书中提到了一个小小的实验，即让总是喜欢使用比较性语言的人拿自己的身材和身材完美的同性比较，把自己的音乐才能和莫扎特比较，把自己的财富和世界首富比较，把自己的智商和爱因斯坦比较……这样反复比较 5~10 次，看看他的感受。结果一定是被试会发现自己因为身材不够好、没有音乐细胞、不够有钱、不够聪明……而感到深深的沮丧和自卑。

只有在亲子沟通中不断表达“我们爱你仅仅是因为你是你”，父母才能让孩子感到父母爱的不是那个更好的孩子。如果父母看到孩子的成绩不尽如人意的时候，能够说“我看到你因为考了 65 分感到有些沮丧，你愿意说说你的感受吗？”远比“你就考了 65 分，人家 ×× 考了 110 分”要有爱得多。当孩子没有听从你的意见，自己买了你认为很糟糕的衣服，你如果说“我看到你买了上次你跟我说喜欢、但是我说不喜欢的那件衣服，我很想听听你的想法，和我谈谈为什么这么喜欢这件衣服”，会比“你这孩子就是没有妹妹听话，我不是说让你买另外一件吗？你怎么还买这一件”让孩子更愿意和你沟通。

停一停，想一想

如果你认为“比较”可以让孩子变得更努力、更聪明、更富有魅力，请使用卢森堡博士的实验把自己和你所知道的世界上最美丽、最富有、最聪明、最善于交际、最勇敢、最有音乐才能、最有运动天赋、最伟大的画家、最伟大的作家、最有数学天赋的人、最有舞蹈天赋的人进行比较，并在比较之后把你的感受写在下面：

没有人是完美的，作为父母，你会在比较之后产生这些感觉；同样，如果父母在孩子不擅长的方面过度要求他们，那孩子就会产生与你在实验中同样的感受。

停一停，想一想

你和孩子在沟通的过程中常常使用的“比较”有哪些？如果想到了可以写在下面：

试想一下，在同样的条件下，是否有更好的沟通方式？如果有，请写在下面：

____

____

错误的沟通方式四：求全责备

父母常常在孩子面前下意识地扮演强者，当孩子不顺从时，就会使用“听话”“必须”“应该”等语言要求他、责备他。其中最常听到一个词是“必须”，如“你必须考 100 分”“你必须考上 ×× 学校”“你必须做好这件事，不能出任何差错”。

我的一位同学的孩子曾经跟我抱怨，一次他不小心记错了老师布置的作业，少做了一小部分，父亲从老师那里知道后不仅对他展开了猛烈的语言攻击，还狠狠地打了他一顿。这件事让他从此之后再也不敢出任何错，每次老师布置完作业，他都要跟同桌确认再确认，写完作业还要跟一名与自己同住一个小区的同学再确认。长期下来，搞得这个孩子筋疲力尽，两位同学也不厌其烦。

H 同学的父亲在他上学之后也是一直要求他门门功课成绩都要名列前茅，只要有一次没有考好，他父亲就要花大量的时间和他一起分析、补习功课。而父亲所谓的没考好，就是没有进入年级前 10 名。可是 H 同学的学校是全省最好的学校之一，年级前 10 名的成绩也许在同龄人中就是万里挑一的好成绩。即使 H 同学在整个高中阶段每天学习 15 个小时、睡眠不足 5 小时的情况下，也无法保证自己始终处于这个名次。这个要求对 H 同学来说无疑是一个沉重的负担。所以，升入高三之后，高强度学习下的极度焦虑和疲惫击垮了 H 同学，让他的学业成绩一落千丈。H 同学从此拒绝和父亲再做任何正常交流。只要父子两个碰到一起，一定会吵得昏天黑地。

H 同学的父亲并不是个例，我们可以在每一所学校、每一个班级里都能看到这类父母的影子。一类是像 H 同学父亲一样对孩子抱着过高的期待，他们常说“你考试不能低于多少分”“考不上双一流高校，你就找不到体面的工作”“你必须学会一种乐器”“赶快把你的房间打扫得一尘不染，否则就不要吃饭”“6:00 以前必须完成作业，不然不要看电视”；或者一些父母出于种种原因对孩子有不满和怨恨，常常会说“你给我闭嘴，否则就待在屋里哪儿也别去”“如果不听话就别回家了”“再不起床，看我怎么收拾你”“我警告你！再哭就打你了，不许哭了”“不许哭，除了哭你还有别的本事吗”；或者将自己的期待投注到孩子身上，常常会说“你按照我说的去做，肯定没有问题”“你必须考上 ×× 大学”“你不能学艺术”；有的父母把自己工作中的怨气也撒到孩子身上，把孩子当成出气筒，在工作中受了气，回家不分青红皂白就对犯了微不足道的错误的孩子大发雷霆：“你连这么简单的题都出错，你是猪脑子吗？现在重做，什么时候一个错误没有了再吃饭。”被迫按照父母的意愿做事情的孩子的内心常常会充满了怒火，在一定时间内要么在亲子关系中被点燃，要么将怒火倾倒在生活中的其他方面。这会极大地破坏孩子和他人的关系，最终导致孩子的生活出现种种困境。

停一停，想一想

你在和孩子沟通的过程中常常使用的“求全责备”式的沟通有哪些？如果想到了可以写在下面：

____

____

每位父母都无私地爱着自己的孩子，期待他们健康成长，但并非每一位父母都能很好地把自己的爱传递给自己的孩子。一些父母在自己和孩子的沟通过程中总是出现这样或那样的问题，让孩子感受不到爱。评价和判断、避免负责、比较、求全责备正是阻碍爱的传递的主要四种错误沟通模式。这些错误的沟通模式导致父母无法听到孩子内心的感受和需要，也无法把爱、感受、需要传递给孩子。非暴力沟通理论认为，这些错误的沟通模式来自“性恶论”，父母相信孩子必须通过后天的教育乃至惩罚才能克制内心的丑恶，成为一个“好”孩子。这让父母对孩子天然地心存疑虑，无法全身心地投入去爱孩子，甚至由于对自己的怀疑而无法爱自己。对孩子的训练也倾向于束缚、控制让其成为“应该”“必须”“不得不”的“对”的孩子，而非让孩子充分释放天性，成为最好的自己。

暴力性的沟通模式是刻板的，习惯以是非、对错来判断孩子，用一个刻板的标准来约束孩子，孩子也就在追随“正确标准”中越来越失去自我，表面的迷茫、困惑、自卑、顺从，以及在内心隐秘的角落日益积累的对父母的愤怒，让双方离爱越来越远。

在我的亲子课堂上总会有这样的孩子：在课程开始的时候，他们和父母紧密联结在一起，当我问起他们的家庭情况时，也许他们都会斩钉截铁地说“我的家庭很温暖、很幸福”“我和父母的关系很融洽”；然而从他们常常无法理解、误解他人说的话的情况中，我们可以看到这些孩子对情感的隔离和自我封闭；在课程中间，这些孩子的情绪若能被激发，他们的愤怒就会喷涌而出，和父母的冲突似乎一触即发，甚至真的会在课堂上情绪爆发，各种负面想法和情绪一起将亲子双方淹没；通过亲子非暴力沟通训练之后，沟通的双方不断地通过观察、倾听，表达自己的感受需要，双方都会得到意想不到的成长。

接下来，我们通过一些练习再次学习一下哪些是亲子沟通中的暴力性语言，通过这些练习，让读者更加熟悉什么样的语言会让父母和孩子之间爱的流动受到阻碍，拒绝为自己的言行负责，进而以避免这些暴力性的语言，为接下来爱的语言的学习打下更为坚实的基础。

练习

一、识别下边的话属于哪种暴力性语言

1. 你必须去上学。____________
2. 你是个自私鬼。____________
3. 你如果不按要求的时间完成作业，就不要吃饭。____________
4. 你的语文又比A同学低了20分。____________
5. 你太懒了。____________
6. 再磨蹭，你就不用去了。____________
7. 你给我好好读书。____________
8. 你应该考得更好。____________
9. 你考的这个分数让我丢脸。____________
10. 和你的表哥相比，你也太不会来事了。____________

二、识别下边的话哪些属于非暴力性语言

1. 今天下午不许去打球了，我们需要谈谈。____________
2. 听到你说不想打扫房间，我很生气，因为我需要你尊重我。____________
3. 今天又乱花钱了，看看你买的都是什么东西。____________
4. 你晚上吃了三根香肠、一大块烤肉，我很担心你的肠胃是否受得住。____________
5. 你不考到年级前10名，将来就会变成一个社会的渣滓。____________
6. 你说你不想做作业，是因为你担心自己做不好吗？____________
7. 我希望你能告诉我，你比较喜欢学习画画还是舞蹈。____________
8. 吃吃吃，就知道吃，看你胖的，再吃下去，就别说是我儿子。____________
9. 你会干什么，你看你表姐像你这么大的时候钢琴都10级了。____________

10. 我听到你说你很生气，是因为刚才妈妈误解了你的话吗？________

三、在哪些情景中，你比较容易使用暴力性的亲子沟通模式

____

____

____

四、写出你经常使用的暴力语言

____

____

____

练习一答案

1. 求全责备
2. 评价和判断
3. 求全责备
4. 比较
5. 评价和判断
6. 求全责备
7. 避免负责
8. 求全责备
9. 避免负责
10. 比较

练习二答案

在第二句、第四句、第六句、第七句以及第十句中，父母明确描述了自己的

观察，表达了自己的感受和需要。

第二句：“你说你不想打扫房间”是父母的观察，“生气”是父母的感受，“尊重”是父母的需要。

第四句：“晚上吃了三根香肠、一大块烤肉”是父母的观察，“担心”是父母的感受。

第六句：“你说你不想做作业”是父母的观察，后半段话是父母试图通过倾听了解孩子的需要。

第七句：让孩子自己做出选择，做出决定，承担自己应该承担的责任。当然作为父母在这句话之外还要做一些工作，比如帮助孩子分析这两个选择哪个更符合他的特点、爱好和内在的需要。让孩子对自己做出承诺，确定自己选择的决心。

第十句：“你说你很生气”是父母的观察，后半段话是父母试图通过倾听了解孩子的感受和需要。

1.“不许”“必须”等词汇意味着父母要求孩子遵照自己的想法做事情，在这个过程中，父母会忽视孩子的内心需要和实际情况。父母可以对孩子说出自己对想谈论的事情的感受，询问并了解孩子的需要，然后提出自己的请求而非命令。父母可以这样说“对于刚才发生的 ×× 事情，我感到有些失望，如果你愿意，我们可以找个时间坐下来好好谈谈。”

2. 当孩子做了不符合父母期待的事情的时候，父母不要急着去评价或责备。可以试着说出自己的需要。可以说：“看到你今天买了 ××，我感到有些生气，因为我很希望你能够节俭。”

在第五句、第八句以及第九句中，当父母对孩子的期待尽可能符合孩子自身的情况，并尽可能引导孩子自己给自己提要求。

对于第五句，可以换个说法：“我注意到最近三天你每天都花超过三个小时打游戏，我有些担心会影响你的期末考试成绩，因为我看重你的学习成果，我期望你每天可以把打游戏的时间控制在半小时之内。”

对于第八句，可以这样说：“我注意到你今大吃了差不多半盘牛肉，我感到有点忧虑，我比较注重健康，我希望你能遇到喜欢吃的食物的时候可以比今天少吃一半。”

对于第九句，可以说：“这次你不去参加钢琴考级，我有些失望，因为我很看重对你钢琴练习结果的评价，我们可以坐下来谈谈你对于钢琴考级的想法吗？”

N
o
n violent
Parent-child
Communication

第2章

学习观察

非暴力沟通从识别观察和评判开始：

- 客观地描述你看到的有助于孩子感受父母的爱；
- 观察需要将事件具体化和分解；
- 识别歪曲认知有助于观察。

卢森堡博士通过自己的实践发现使用非暴力的沟通方式，如果“我选择……”“我想……”“我能……”“我要做……”这类句式，可以解决亲子沟通中的问题。在非暴力沟通过程中，父母和孩子都更愿意彼此分享，做出肯定的选择，沟通双方都能获得更多满足。让沟通者更看重自己和家人的内心世界，不再用“好和坏”看待世界，并与家人内在富有生命力的东西联结起来，增进一家人的幸福感，因此非暴力沟通的语言又被称为爱的语言。

识别观察

阻碍父母与孩子之间相互给予爱的语言的正是“正确”“错误”“好”“坏”“自私”等各种评价性词汇的语言。在亲子沟通中，带有父母主观想法的评价是一种错误的教育模式，这是亲子沟通语言暴力的核心。非暴力沟通的第一步是学会使用观察式的语言，摒弃评价式的语言，即在沟通开始时应使用客观的、具体的描述性语言来交流。识别观察首先要学会区分观察与评价。

所谓观察是我们的眼睛看到的、耳朵听到的、身体触碰到的、此时此刻正在发生的事情以及相关人员的行为、语言、情绪表达，而非想法、情感、愿望或对未来的预测。观察式的语言表达反映的是客观事实，要求每个人为自己负责，不逃避属于自己的责任。因为观察所描述的并非个人的主观印象，不同的人观察到的结果区别一般不大。

评价则是对个人印象的阐述，反映你根据你的想法、情绪、猜测做出的判断，说话的人和听到讲话的人都很难为此负责。评价易让他人听到不利于自己的一面。评价的语言相对主观，与说话人的情绪、价值观念、思维模式息息相关。对于同样的事情，不同的人的评价会差异很大，因此评价的话语容易造成说者过瘾、听者闹心。甚至因为说话的人带着各种负面情绪的发泄，很容易让孩子产生逆反心理。如果亲子沟通中混淆了观察与评价，会让孩子感到被父母批评了，产生愤怒、沮丧等负面情绪，从而抵触父母说的话，不予合作。

例如，看到孩子爬到树上摘桃子。父母观察后通常都会说“我看到你爬到树上摘桃子”，反映的是父母“看到”“孩子”的具体行为；孩子听到后，常常愿意接受父母说的话。而父母的评价则会千差万别，怎么说完全取决于父母自己的想法和感受；有的会说“你怎么这么淘气”，有的会说“你瞎搞什么”，有的会说“你很勤快”，有的会说“馋死你”。不同评价给予孩子的感觉也完全不同，听到父母说“勤快”的孩子会很高兴，听到父母说“瞎搞”的孩子则会生气。不论孩子高兴还是生气，父母都很难收到积极有效的反馈。因为即使孩子很高兴，他也无法就父母说的话继续做出解释性反馈。

看下面的这些话，哪些反映出观察到的真实情况，哪些是父母的评价？

1. 看看几点了，身上弄这么脏，到哪里疯去了？
2. 爸爸看到女儿正在厨房里吃东西，立刻斥责孩子说：“你就知道吃，什么时候会主动学习。”
3. 妈妈看到儿子正在把打碎的花瓶扫起来，笑着说：“毛手毛脚的，又打碎东西了吧。”
4. 妈妈看到儿子把厨房弄得乱糟糟的，询问儿子：“摆了这么多东西，能告诉妈妈你在做什么吗？”
5. 妈妈因为儿子坚持自己的意见，对儿子说：“我认为你固执己见，总觉得自己有理。”
6. 妈妈因为老师反映儿子在一周内迟到了三次，对儿子说：“你这一周总是迟到，我想知道原因。”
7. 妈妈看到女儿文具盒里有一支来路不明的钢笔，在询问了孩子爸爸之后，问女儿：“我问了你爸，他没有给你买这支钢笔，你从哪里拿的？”
8. 爸爸早上上班之前，因为儿子一直在问问题而烦躁地对儿子说：“你问得太多了，能不能少问点。”
9. 爸爸看到女儿的期中考试成绩单，对女儿说：“我看你这次考得不好。”
10. 妈妈看到女儿又花钱买零食，对女儿说：“你这一周就花了 400 元，我认为对于我们家来说，你花钱太大手大脚了。”

11. 妈妈看到孩子又在打电子游戏，对孩子说：“你从来就没有想过如何好好学习。”
12. 妈妈看到孩子的衣服都湿透了，问孩子：“你的衣服全湿了，这是怎么弄的？”

停一停，想一想

上述哪句话更可能反馈父母看到、听到或感受到的真实情况。

我认为第四句、第十句和第十二句是观察，而其余的那些句子则是评价。

上面例子中的第四句、第十句、第十二句，父母观察性的语言通过准确地使用数据和事实依据，客观地描述自己看到的实际情况，如第十句提到的“这一周”和“400元”就是准确的数据。

观察的反馈通常后边会使用“你能告诉我……”以询问更多的事实，有利于父母掌握更为充分的信息，如第四句、第十二句中的妈妈使用了“你能告诉妈妈……”“怎么……”。

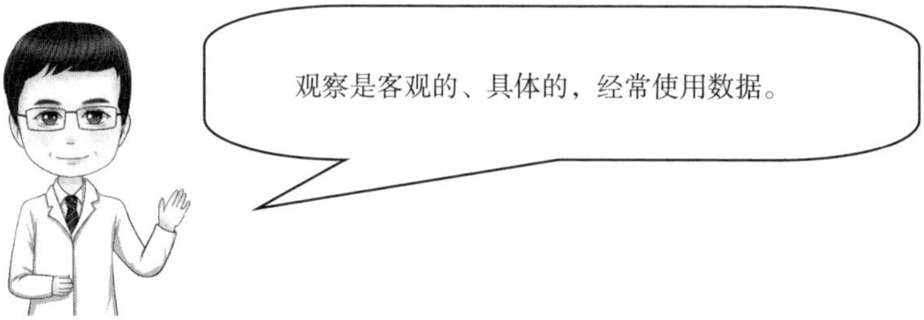

观察一般不对孩子的想法、行为、能力、情感做任何推测，如果父母认为有必

要做出推测，则要向孩子明确无误地表达你接下来所说的是你的想法、需要或者情绪反应，并使用“我认为”“我想”等词语表示对自己说的话负责。需要注意的是，虽然第五句中使用了“我认为”，但后边的话却反映的是父母对孩子的评价，缺乏足够的客观依据，仍然不是观察。而第十句中，妈妈认为有明确的指向“我家”是以一个家庭的经济情况作为指标，而并非泛泛而谈，则应该视为观察。

而“评价”则是我们对于“应该或不应该是什么”的评判。评价常常是主观的，是对孩子特质、想法、情感、行为的推测，父母将这些推测当作事实讲出来，缺乏足够的、客观的证据和充分的统计和验证。前面例子中的第一句、第二句和第三句都带有明显的主观色彩。在第一句中，父母没有任何证据证明孩子在外面疯玩，只是看到了孩子回家迟了并弄脏衣服。如果父母使用观察性的语言，一般会对孩子说：“我看到你迟了 30 分钟，还弄脏了衣服，你能告诉我发生了什么事情吗？”这样说也许父母会了解到孩子遇到了什么麻烦，或者孩子坦率地向父母承认自己确实玩过头了，并做出承诺以后尽可能按时回家。在第二句中，父母并不能确定孩子现在吃东西意味着前面一段时间没有在学习。父母如果说“我看到你正在吃东西，你能告诉我为什么吗”会更客观，让孩子更容易接受。孩子也许接下来会说自己为什么现在吃东西，甚至会跟父母说之前自己正在做什么。在第三句中，尽管这位妈妈是笑着对孩子说的，把儿子打碎花瓶当作一件小事，但是对于一些敏感的孩子来说，如果不是其打碎的花瓶，就会感到委屈和不被理解的沮丧。所以，妈妈以询问的方式问孩子“花瓶怎么碎了”会更好一些。在第十一句中，父母使用“从来”会让孩子感到父母忽视了自己的努力，如果父母说“这一周有三天你都是先看电视再做作业”就能够更清晰地描述孩子近一周的学习状况，让孩子意识到自己到底做错了什么。

当父母用观察式的语言向孩子呈现自己看到的、听到的真实状况，接下来的沟通就会有的放矢，容易进行下去；如果父母使用评价式的语言，孩子有可能在亲子沟通的开始阶段就产生负面情绪反应，后边的沟通就无法有效进行下去，甚至会演变成冲突。

学习观察，让孩子感受你的爱

如果你发现自己还不能很好地区分观察与评价，觉得识别不带评价的观察对你而言并不是一件容易的事，尤其是在你处于愤怒、抑郁、焦虑、恐惧等负性情绪时，常常将自己对孩子的评价当作事实，并以这个所谓的“事实”去理解和教育孩子。因此，你需要学习观察，用心感受你真正看到、听到的，通过观察式语言让孩子真切地感受到你的爱。

如果父母想了解孩子，与孩子建立良好的沟通关系，就要明白观察是我们在特定的时间、环境中看到的关于“是什么”的结果，是事物的真相、客观存在，是具体、清晰和准确的。观察的表达是一种动态的语言，仅仅属于此时此刻此地此人，不会出现“别人”“大家”“一直”“从来”等泛泛之词。如上边例子中的“你”“400 元”“我们家”“这一周”“三次”，就是属于这种此时此地此人的动态的表达。

如果一个人所说的话是评价，那就会经常使用“总是”“从不”“绝对”“每次”“经常”等模糊或者绝对性的词，如前面的第五和第六句都使用了“总是”这个词。即使是第六句看上去温和一些，因为缺乏准确的数据、明确的指向，仍然属于评价。

用评价代替观察的沟通会让孩子感到父母言过其实，产生逆反心理，尤其是对12~18 岁的青春少男少女来说更是如此。说“孩子总是不听话”的父母，如果花一点时间统计孩子在亲子沟通中“听话”和“不听话”的次数，多数父母会发现孩子总会有那么几次听从来自父母的意见。所以，当父母说“总是”的时候，孩子会感到委屈和失望。

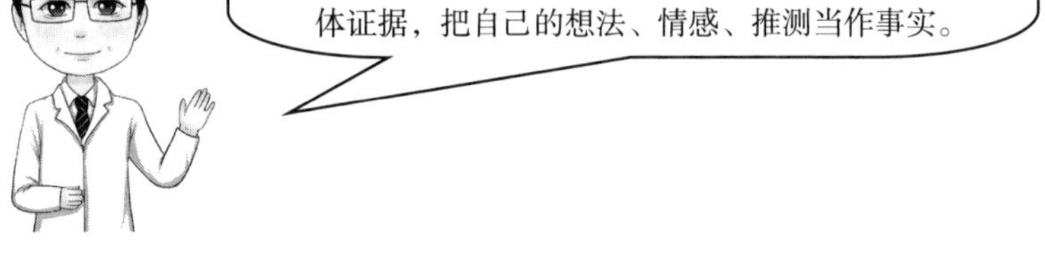

评价式语言有时也会描述部分事实，但这个事实常常并不准确。如前面例子中，第七句中的妈妈对孩子的言行做了调查，但是收集的信息不完整，没有考虑到孩子有可能从朋友那里收到礼物的可能，没有考虑孩子可能用自己零花钱购买的可能，也没有考虑其他亲属赠送的可能，所以她质问孩子的话仍然带着猜测的成分。

评价性语言所描述的情况往往也不够具体。前文示例第八句中，爸爸说“太多”“太少”都不够具体；在第九句中，爸爸并没有定义所谓不好的成绩是什么，很难让孩子明晰爸爸的意思，因而很难遵从其意见。如果父母换种方式，能够准确、客观、不带情绪或猜测地去跟孩子说话，那孩子至少愿意继续听父母讲下去，也更容易从孩子那里得到积极的反馈，而不是马上暴跳如雷或者顽抗到底。在第八句中，爸爸可以说“你问了五个问题，但现在我还有 10 分钟要出门，只能回答你两个问题”，这似乎更容易让孩子妥协。在第九句中，如果爸爸能够说“我看到你的期中考试语文只考了 110 分，我认为对你而言，考 130 分应该是一个比较好的成绩，所以我认为这次你语文考得不够好”就具体得多，让孩子知道爸爸期待自己的语文考 130 分，明确自己努力的方向。即使孩子认为爸爸的期待不合理，他们之间的沟通也会更有的放矢，孩子可以在之后的谈话中表达他对自己语文成绩的看法，跟父母讨论父母的期待是否合理。

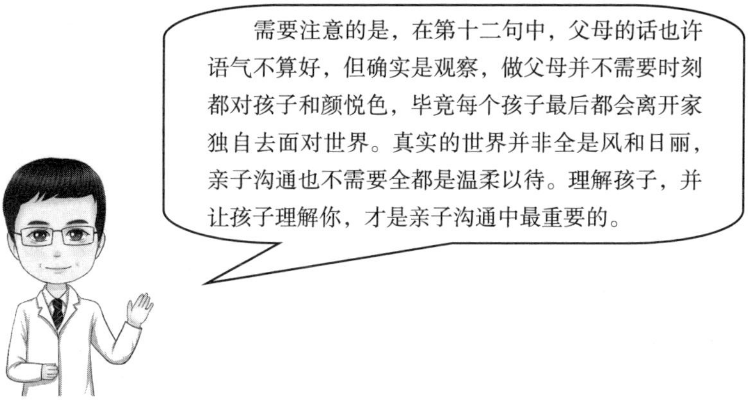

父母使用观察式的语言是有效引导孩子成为最好的自己的开始；父母使用评价式的语言则会让孩子感到父母期望自己成为“别人家的孩子”，却感受不到父母的爱，

进而远离父母的期待和自己的幸福。

现在，我们对观察和评价有了更多的了解，可以试着从我的亲子辅导工作案例对话中看一看哪些是观察，以及评价是如何让亲子沟通变成恶语相向的，想一想案例中妈妈如何说能够让这次沟通更有效。

我曾经在讲座中遇到过这样一位经常与自己11岁的女儿爆发激烈冲突的妈妈——J女士。在课程案例辅导中，她讲述了在来听讲座的前一天她与自己的女儿在亲子沟通中发生的一个事件。事件的起因只是孩子起床磨蹭这样一件微不足道的小事，却导致了母女两人如火山爆发般的激烈冲突。J女士对自己经常在一件小事沟通上发展成这样结果感到困惑，并对自己出现如此强烈的反应感到自责。

刚开始时，J女士像平时一样叫女儿起床吃早饭。第一次叫女儿时，她走到女儿床边用轻柔的语气对女儿说："宝贝，起床了，今天有妈妈特意为你煎的爱心鸡蛋。"听到女儿迷迷糊糊地答应了一声，J女士以为女儿很快就会起来，回到厨房继续准备早餐。谁知道15分钟过去了，她还没有见到女儿的影子，就有些生气，在厨房里大声喊女儿起床："六点半了你还不起床！再不起床你就要迟到了！"女儿大声答道："好的，起来了。"五分钟以后，J女士发现女儿还赖在床上。于是嚷道："就没有见过你这么磨蹭的孩子，再不起来就不用吃饭了。"听到妈妈的指责，女儿开始生气，干脆不回应妈妈。J女士没有听到孩子的回应，就开始烦躁起来，唠叨过去一段时间孩子是如何磨蹭、如何让她各种操心。女儿的情绪随着妈妈的唠叨变得越来越暴躁，几分钟后在卧室里跺着脚冲妈妈大叫："烦死了，烦死了！"听到女儿跟自己大叫，J女士的情绪也被激发起来，愤怒地嚷道："你就是一个不知感恩的白眼狼！"听到妈妈这么说自己，女儿"腾"的一下光着脚从卧室冲进厨房，当着妈妈的面前抓起一只汤碗高高举起，然后摔得粉碎，汤汤水水撒了一地，也溅了母女一身。然后，女儿一声不吭地转身回到卧室穿上衣服，空着肚子背上书包自顾自地跑去上学。中午女儿也待在学校没有回家。虽然晚上女儿回家了，但在饭桌上一言不发，吃完饭就把自己关进了卧室。第二天早饭时，在饭桌上，女儿仍然与妈妈冷战，连看都不看妈妈一眼，完全把妈妈当空气。

停一停，想一想

如果你准备好了，请在下面写下你认为恰当的句子。

孩子在母亲说了什么之后开始变得不高兴：________________因为这句话属于：________________。

这个案例中还有哪些话是暴力性沟通语言：________________

如果是你，你会如何说：

____

____

我认为 J 女士说“就没有见过你这么磨蹭的孩子，再不起来就不用吃饭了”之后，女儿变得不高兴。妈妈是在使用“评价和判断”将女儿的行为命名为“磨蹭”。对于孩子来说，她只是试图多睡一会。妈妈的话让女儿感到不被理解的沮丧和被指责的生气。妈妈唠叨女儿让她操心，是“避免负责”的语言。说女儿是“不知感恩的白眼狼”也是“评价和判断”。妈妈将女儿称为“白眼狼”，让女儿感到自己被妈妈完全地否定了，才会一下子被激怒了。

事件具体化和分解是观察的开始

我为了让 J 女士学习观察，了解她在亲子沟通中是如何伤害孩子的，进行了下面一段对话。

我：当你第一次叫女儿起床她没有及时起来的时候，你想到了什么？

J 女士：我不高兴。

我：我的意思是你观察到了什么，即你看到、听到或者想到孩子在做什么？

J 女士：我觉得她不听话。早上我也很困啊，还辛辛苦苦起来给她做早饭。为了让她开心，特地用模具把鸡蛋做成爱心，可是她一点也没有感激之情，磨磨蹭蹭不当回事。

我：我听到你说，你认为女儿不听话，没有感谢你为她辛苦做早饭，还不把你当回事。这些似乎都是评价，你能够试着描述你看到的、听到的情况吗？

J 女士：不听话、不感恩、磨蹭、不把我当回事，难道不是我看到和听到的吗？

在这一段对话中，我们可以注意到 J 女士和很多父母一样，以为自己对孩子的评价就是自己观察到的孩子所表现出来的真实情况。其实，所谓他们看到的东西，早已经不是事情本来的样子，而是他们带着情绪、猜测、判断的假象。就如 J 女士在和女儿冲突中看到的是一个“小白眼狼”，而现实却仅仅是小女孩早上赖床的时间有点长。J 女士因为生女儿的气而认为女儿不尊重她，甚至想到“她从来不把我当回事”。这一认知激发了 J 女士更强烈的负面情绪反应，接下来又因为女儿的消极反应而更加愤怒，最终演变为母女大战。J 女士母女的沟通方式一直是在用评价代替观察，这样的冲突就一直在 J 女士的家中重复发生并不断升级。所以，我接下来继续和 J 女士探索她和女儿沟通中的“观察”和“评价”。

我：我刚才听到你之前也经常和女儿发生冲突，当你们两个冷静下来的时候，你是否和女儿沟通过她的感受？

J 女士：她说我总是冲她乱嚷嚷。

我：你的意思是说，她认为你总是没有根据地指责她。

J 女士：她是这么说的。

我：那你女儿的感受如何？

J 女士：我不知道。

我：那么我们回到你早上叫孩子起床的场景中，看一看能不能发现真正的事实。

J 女士：我说话她不听，她不把我当回事。

我：当你叫孩子起床后，她还继续睡觉让你认为她是“不把你当回事”。

我在这里使用了“你认为”，试图让J女士注意到“不把我当回事”是她的评价，不是事实，让J女士学习为自己说的话负责。

J女士：她一直不把我说的当回事。我让她往东，她偏往西。

我：你期待当你第一次叫女儿起床的时候，她就立刻起床。

帮助J女士观察自己的想法。

J女士：她总是磨蹭，叫几遍都不起来。

我：这个星期，她每天早上都会需要你叫她好几遍才起床吗？

尝试具体化，帮助J女士学习观察。

J女士：大部分时候。

我：这一周有哪几天你叫她起床超过了两次。

J女士：周一、周五。

通过具体化，帮助J女士学习观察。

我：事实上，你女儿在这一周只有两天没有在你叫她起床后第一时间起床。而在周二、周三和周四，她在你叫她起床后五分钟之内就起来了，是这样的吗？

通过具体化的信息，帮助J女士发现事实和她的想法之间的距离，以便于J女士学习如何识别观察。

J女士：好像是这样的。

我：所以，真实的情况是，这周孩子只有周一和昨天没有在你叫她的第一时间起床。

J女士（思考）：好像是的。

我：我们再一起看看你女儿在这个事情的过程中的反馈情况。你第一次叫她起床的时候她回应了，但很快又睡着了。然后，你再次叫她起床，她也是正常回应了你。

J 女士：可是她根本没有起来。

我：所以，你认为她太磨蹭了，并且因此指责了她。她对你的指责不满，于是你们母女两个开始冲突。

帮助 J 女士观察自己的想法和理清事件的发生、发展过程。

J 女士家的情况并不是个例，她和大多数父母一样，还需要继续学习区分观察和评价。为了让 J 女士更直观地了解在事件的整个过程中，哪些是可以观察到的真实情况，哪些是父母对孩子的评价，我让 J 女士用表 2–1 列出整个事件与她的想法、行为以及孩子行为反应四者之间的关系，以帮助她将发生的事件细化，学习观察，从而改变自己原来的思维模式。

表 2–1　　事件观察表

事件	父 / 母想法	父 / 母行为	孩子的行为
早上叫女儿起床，女儿一直不起来	她太磨蹭了	抱怨孩子太磨蹭	不理妈妈
妈妈一遍遍叫女儿起床，女儿和妈妈吵架、摔东西	她不把我当回事	大声指责抱怨孩子是个不知感恩的白眼狼	光脚冲出来，和妈妈吵架、摔东西

当我们一起把事件用列表的方式进行分解，“观察”和“评价”清晰了许多。接下来，我带领 J 女士步步深入再次确认她的“观察”和“评价”。

我：现在我们看一下这个表格，你已经知道到你亲眼看到的事件是“早上叫女儿起床，女儿一直不起来”及“你一遍遍叫女儿起床，女儿和你吵架、摔东西”。而“她太磨蹭了”“她不把我当回事”是你的想法，也就是你心里对女儿的评价。评价导致你的抱怨，引发孩子的负面反应。

J 女士（愧疚）：我一直没有意识到我生气是因为把自己的评价当作真实发生的事情，所以让孩子感到委屈，委屈久了，情绪就会时不时地冒出来。我就会认为是孩子不听话，就对孩子更生气。

识别歪曲认知，进行有效观察

区分观察与评价除了将事件的全过程用列表进行分解以明晰“观察”之外，还需要知道有时候亲子沟通问题一部分来自父母自身歪曲认知导致对孩子的刻板印象。就如J女士心目中的女儿就是一个“磨蹭的孩子”，一旦孩子的行动不够迅速，J女士的脑海中马上会浮现“她又磨蹭了”的想法。这种想法往往会下意识出现，认知疗法将其称之为“自动思维”。一旦这种歪曲认知出现，父母就很容易被这些想法控制，无法区分观察和评价。所以接下来，我还需要帮助J女士学会识别自己的“自动思维”中那些歪曲的认知，让J女士更好的识别自己的评价。我以孩子早上起床晚了为例，与J女士继续非暴力沟通的学习。

我：你认为今天女儿起晚了是因为她磨蹭。当你这么想的时候，你的情绪怎样？如果0分是完全没有情绪，10分是你所经历过的最强烈的情绪，你会给你的情绪打几分？你对“我女儿磨蹭”这个评价的相信程度是百分之几？

通过具体的数据，帮助J女士识别情绪和想法的关系。

J女士：我很生气，7分。百分百相信她就是磨蹭。

我：你认为你相信女儿磨蹭对你有什么好处？如果你不相信女儿磨蹭，你的想法、感受、行为会发生什么变化？

J女士：我知道她磨蹭就可以帮她快一点。若我不相信她磨蹭，我就会不那么着急，也不会那么生气了。

我：有什么证据证明你的女儿磨蹭，同时是否有证据证明你的这个想法是错误的？

J女士：她总是非常磨蹭，别人写作业一个小时，她需要两个小时。

我：你有证据证明在某些时候孩子做事并不慢吗，哪怕仅仅有一次。

J女士：她做家务还可以，扫地比我还快。

我：所以你百分百相信你的女儿扫地的时候是不磨蹭的。因此你认为她总是非常磨蹭的想法是并不成立。

通过数据确定哪些是可见的事实，哪些是歪曲认知。

J 女士：可是高考不考做家务呀。

我：所以你认为如果你的女儿一直在学习上磨蹭，最坏、最好和最可能的结果分别是什么，列举所有能够防止最坏结果发生的事情，如果可能尽量详细描述一个即使你女儿一直保持这样磨蹭还会产生的积极结果。

精确识别想法。

J 女士：最坏的结果就是她将来考不上大学，生活没有出路；最好的结果是，她将来考上好大学；最有可能的是将来考上一个一般的大学。为防止出现最坏的结果，我需要每天盯着她抓紧时间学习。我想不到什么积极的结果。

我：我注意到你一直担心孩子的学业发展，你能更详细地描述一下你所担心的事情吗？

J 女士：如果我的女儿一直磨蹭，她考不上大学，将来就没有生活出路。

我：你想象如果你的女儿这么磨蹭，将来有一天她会没有生活出路。我可以问你两个问题吗？一个是你认为只有考上好的大学才有生活出路吗？另一个是你女儿目前的学习成绩如何？

J 女士：现在就是考不上好大学就没有好生活。我女儿现在在班上一般考前三名，不过女孩子上了中学就不行了，现在要抓紧时间，孩子才能有未来。

我：所以即使你认为你女儿很磨蹭，她目前的学习成绩也一直名列前茅。另外，你认可的最低生活标准是什么。

J 女士：能和一般人一样，一个月三四千块钱就可以了。

我：你认为你的女儿将来连这个生活标准都达不到的理由是什么？

从多角度帮助J女士明晰她的歪曲认知。

J女士：现在很多大学生毕业以后找不到工作。

我：所以，你在为你的女儿未来焦虑，这是你的问题还是你女儿的问题?

厘清问题性质。

J女士：当然是我女儿的问题。

我：我想你一定曾经对女儿做的某些事情结果做过负面预测，有些变成了现实，有些则没有发生。你能写出一些你曾经做出了负面预测，结果却还没有那么糟糕的事情吗?

接下来J女士写了一些在过去一段时间的错误的负面预测，包括对女儿考试成绩、同学冲突的后果等预测。然后我根据J女士所写的内容，通过常见的认知歪曲表（见表2–2）帮助J女士认清在亲子沟通中经常出现的认知歪曲。

表2–2　　常见的认知歪曲

认知歪曲类型	示例
贴标签：给孩子一个固定的标签，即使有一些优点也注意不到	批评孩子：你是一个磨蹭的孩子；你太笨了；你的性格不好
以偏概全：不顾事件背景，给孩子下一个负面定义	把孩子一次数学考试没考好定义为学习不好；把孩子书包没有整理好定义为邋遢
夸大或缩小：过度强调或轻视某种事件或情况的重要性	夸大一次考试成绩对孩子的作用；因为看重孩子学业成绩，缩小孩子在生活中保持整洁的品质的作用
随意推论：根据一件孩子的负面的事情得出过度的负面推论	孩子跟成绩不好的同学玩，就成了不爱学习的孩子
管状视力：选择性的注意、记忆、再认那些与自己某些观念一致的信息。拒绝与其相反的任何观念和证据	当父母认为孩子磨蹭的时候，只会注意到符合“磨蹭”的行为，而无法注意到孩子可以快速完成的事情
非此即彼：用一种极端的好–坏分类的方式评价孩子	认为孩子不成为精英就会成为社会渣滓

续前表

认知歪曲类型	示例
灾难化：相信已经发生的或者即将发生的事情会导致完全无法接受、极端糟糕的事情发生	父母认为孩子目前的学习成绩将会导致他未来衣食无着

J女士：其实我家孩子成绩比我说的好，同学也比较喜欢她。我好像只能注意到她磨蹭、不听话、小家子气。也许我对她的这些看法也有问题。

我：现在你的感受是否发生了变化，发生了何种变化？

J女士：好像没有那么焦虑了，也没有那么生气了。

我：你本人或者你认识的人中有没有遇到灾难性事件，却把它转化为积极的事件，或者仍然有积极的感受，是否从负面事件中学习到一些东西？

评估想法。

J女士：因为原来单位效益不好，我不得不回家自己创业，现在我很喜欢我的工作，收入高还不耽误照顾孩子。

我：所以你可以从过去的经历中发现，即便是消极的事情，也可以转化为积极的事情。现在，让我们再次回到刚才谈论的事件中，你所担心的事情是你的问题还是女儿的问题？你对女儿的想法是否会发生改变？如果你回到那个时刻，你和孩子的沟通是否会不同？

J女士：看来我认为的孩子磨蹭，真的不是她的问题，而是我自己的想法。我现在不再坚定地认为孩子总在磨蹭了。回到昨天早上我会对我女儿说："我已经三次叫你起床。现在已经快7点了，你要立刻起来吃饭，否则你就迟到了。"

父母在亲子沟通中尽可能地具体化、分解细化自己看到的情景，识别自己一些固化的歪曲的认知，有助于在沟通中客观地描述自己看到的，而不是使用判断、比较、避免责任、求全责备的话，从而让沟通有一个良好的开端。

练习

以下句子中，哪些是观察式的语句？

1. 我发现直到暑假的最后两天你才开始写暑假作文，我认为你无法按老师要求按时、按质完成。

2. 我今天为你做了你要吃的糯米糍，但是没有听到你说感谢的话。

3. 今天你写数学作业的时候，一年按十个月来算的月平均收入，我认为你有些马虎。

4. 今天你告诉我已经写完作业，所以和同学出去玩了，现在我发现你还有英语作业没有写。

5. 昨天下午，你无缘无故地发脾气。

6. 你这个孩子从来就不会大大方方地跟叔叔阿姨打招呼。

7. 我看到你戴了一个新发卡，你能告诉妈妈是从哪里来的吗？

8. 你连续三次数学月考都只考了 80 分。

9. 你经常不刷牙，看你的牙黄的。

10. 你的班主任跟我反映说你这周迟到了三次。

11. 你总是到最后一刻才知道着急。

12. 你经常糊弄爸爸，实际上你是把爸爸说的话当作耳旁风。

答案

第一句、第二句、第三句、第四句、第七句、第八句以及第十句是观察。

第一句使用了“最后两天”明确了所说的话的具体证据，并用“我认为”表达了自己对所说的话负责的态度。这样孩子更容易承认错误，采取积极行动尽可能补救，立刻坐下来写作文，或者告知父母自己可以按质按量完成的真实理由，也许孩子会说：“我已经把作文需要的材料收集好了，所以一小时就可以完成一篇 800 字的作文。”

第二句客观描述了事件中行为和行为的反馈，具体描述了事件及说话人的看法。这样说父母经常会得到孩子撒娇、解释等积极反馈。即使孩子不太认同父母的说法，也会继续和父母沟通。

第三句完整描述了一个具体事件，阐明自己的观点。孩子会清楚地知道父母在关注什么事情，父母的观点如何。接下来孩子会愿意和父母沟通寻找问题的解决办法。

第四句完整地描述了事情的前因后果，让孩子注意到事情发展的过程，明确自己错误的原因，从而愿意和父母继续沟通，找到在以后避免发生同样问题的途径。

第七句具体说出自己看到“你戴了一个新发卡”这个事实，然后提出疑问，给孩子一个解释的机会，父母也获得了更好的沟通渠道，让亲子沟通顺理成章地进行下去。

第八句用“连续三次”“数学月考”和“80 分”清晰、明确、具体地说明了发生的事件，给接下来的沟通创造条件。

第十句这句话包括信息来源“班主任”、时间“本周”、频率“三次”，让孩子清晰明了父母在说什么，重视哪些具体信息，孩子就有机会对事件做出更为准确的反馈，让亲子沟通更有效。

第五句“无缘无故”是说话者的猜测，因而属于评价。父母在了解情况之前，并不能确定孩子发脾气是什么原因。如果说“你能告诉我昨天下午你为什么发脾气”会更客观一些，这样孩子会更愿意跟父母分享自己发脾气时的感受和想法。

第六句、第九句、第十一句以及第十二句则使用“从来”“经常”“总是”这些缺乏证据或模糊的词汇，容易产生误差或让孩子感到被指责。如果使用观察，能够让孩子更明确地知道自己的问题还不被家长反感。例如，父母可以这样说：“你刚才没有和叔叔打招呼，能告诉我你的想法吗？”“这周你有三个晚上没有刷牙，牙上的食物残渣会损害你的牙齿。”“这一周有四天你都是在上课铃响了才匆匆跑进教室。”“昨天爸爸说让你先写作业再玩，结果你趁爸爸不在家打游戏。”

N
o
n violent
Parent-child
Communication

第3章

了解你和孩子的感受

父母在亲子沟通中要了解自己和孩子的感受，就需要做到：

- ⊙ 允许自己和孩子表达感受，让你们都变得富有生命力；
- ⊙ 区别感受和想法，以让你在沟通中情绪更加稳定；
- ⊙ 感受是属于个人的，不能归咎于他人。

亲子沟通中一个非常重要却常被忽视的问题——父母在和孩子沟通的过程中很少问自己在这个情景中的感受如何，孩子的感受如何，而习惯于把关注的重点放在“对方的期待是什么”的思维模式中。这种理智化的思维却没有爱的流动。

当你评价孩子很懒惰、没有耐心、很笨的时候，就是在对孩子施以语言的暴力，孩子也会对你竖起一堵墙，从而使你们之间的沟通被阻断了。父母需要在沟通中表达感受，才能用非暴力的方式与孩子分享爱。所以，在这一章中，我将聚焦于帮助父母如何细致入微地体察自己和孩子内心丰富多彩、跌宕起伏的各种感受。通过了解感受，在亲子沟通中建立起更紧密、和谐的关系。

了解感受

当我在亲子沟通课程开始前问我的学员，孩子与其发生冲突时的感受，他们常常会说“我觉得他不听话”或者“我觉得他就是一个不懂事的孩子”，很少有人会提到“生气”“沮丧”或者“伤心”等情绪词。

他们误以为“我觉得”“我感觉”讲的就是一个人的感受，其实这些词汇背后大多联结的只是一个人的想法，而非个体感受。这些想法常常联结着他们对他人、事件、环境的评价，当它们充斥脑海时，父母就把这些评价当作感受说出了，接下来很可能会导致父母使用暴力性语言，造成亲子间的冲突。

要了解感受，首先要知道什么是感受。我们这里所说的感受是指对事件、环境及他人行为、语言等产生的情绪反应，也就是我们在事件中产生的喜、怒、哀、乐、悲、恐、惊等各种情绪。例如，孩子生病了，妈妈会担忧；孩子不按爸爸要求的时间上床睡觉，爸爸会生气。“担忧”就是妈妈对孩子生病这件事的感受；“生气”就是爸爸对孩子不按时睡觉这件事的感受。请试着把对孩子的感受写下来，你不喜欢孩子的哪些行为？比如孩子拖延、每天比别的孩子花更多的时间写作业，在写作业的过程中不断去玩耍。然后写下这样的行为让你有什么样的感受？看看你写下的是什么——是火冒三丈、焦虑、不安等情绪还是“他学习不认真”等评价性语言，还是“不太知道怎么形容我当时的情绪，只是感觉很不舒服”。“火冒三丈”“焦虑”“不安”都是你对孩子拖延行为的感受，“感觉不舒服”也是感受，但是不够清晰，会影响亲子沟通的效果。

在非暴力沟通中，父母首先要体验自己在面对孩子时感受到的各种情绪反应，然后帮助孩子弄清他在问题中的感受，为孩子示范更好的情绪处理方式，带领孩子感受“我的情绪”，引导孩子自己发现问题，这样才有可能让孩子走出情绪的各种纠结，在失败中学到经验，在探索中发现价值，最终找到问题解决之道。当然，需要注意的是，在沟通中，父母也不必一味地顺从孩子，让孩子在不清晰的亲子互动中模糊家庭边界，或者让孩子过于自我，或者花更多的时间猜测父母的想法，以至于渐渐迷失自我。

我们可以看看下面的两组句子是否能够帮你区分感受和想法：

- 我感到我儿子学习不努力；
- 我认为我儿子每周打10多个小时的手机游戏是学习不努力的表现，我对此感到愤怒。

前一种表达中，父母感到“儿子学习不努力”是在评价儿子的学习态度，而非表达父母自己的感受，同时也缺乏对孩子感受的回应。如果孩子听到父母说这句话，就会认为被误解或者被指责而感到愤怒，从而和父母发生争执。在后一种表达中，“愤怒”明确表明了父母对孩子具体的行为产生的情绪。

- 我觉得学生的任务就是好好学习。
- 我认为学习对你很重要，当我看到你没有按照计划学习的时候，我感到恼火。

前一种表达的是父母对孩子的期待，是一种避免负责的语言模式，而非感受。孩子听到这种话，常常会认为自己被父母控制，而感到不安、不满、沮丧或愤怒。在后一种表达中，父母首先负责任地表明自己对孩子学习的看法，然后说出自己的观察，最后表达自己的感受“恼火”。在后一句话中特意强调学习对“你”重要，而不是笼统地说对“学生”重要，也是引导孩子对自己负责。

我们从这两组句子中可以看出父母使用“我觉得”“我感到”，其实是父母在表达他们对孩子行为的想法和期待，这时用“我认为”会更能体现父母对自己所说的话负责。另外，含有以下一些词汇或短语的句子也可能会表达的是想法、评价而非感受：

“应该”“必须”“我被抛弃（羞辱、指责、虐待、打扰、拒绝、欺负、束缚、利用、贬低、误解、忽略、背叛、攻击、批评、欺骗、恐吓、遗忘、辜负、操纵、敲诈、压抑、威胁、视而不见）”“不受重视”“得不到支持（鼓励、帮助）”“无人理睬（赏识、赞赏）”“无用”“高人一等”“有压力”

例如，我儿子说我让他好好学习是为了我的面子，我觉得我被误解了。“被误解”是这位父母对儿子说的话的评价。如果这位父母说：“我对儿子误解我‘让他好好学习是为了我的面子’而感到沮丧。”“沮丧”表达的才是父母的感受。

我们还可以看到父母使用这样的句子表达自己的感受：“作为妈妈，听到儿子在学校里和同学打架，我为没有教育好儿子而难过。”这句话是在表达了父母为自己的教育效果不佳感到自责而产生的负面感受。

同样，这位妈妈也许还会有这样的感受：“看到儿子又和同学打架，我对他这种行为感到愤怒。”当然这时父母的感受也可能是“儿子这两年已经打了三次架了，这让我非常担心”，或者是“我为孩子在学校里打架这件事感到烦恼”。

遇到孩子做作业拖拖拉拉的时候，不要说：“除了玩你还会干什么？”也许父母可以换一个说法：“你今天做作业的时候还总是去玩你的变形金刚，这让我感到很恼火。”也可以说：“看到你做作业的时候还在玩变形金刚，我担心你无法完成作业。”还可以说：“看到你在写作业的时候玩，我为不能说服你而感到沮丧。”

如何表达感受，没有标准答案。同样的事情，不同的想法，可以导致不同的感受。只要你用心体验，你就能够发现你自己对事件的感受。不论有何种感受，你只要能够表达出来，就可以促进亲子沟通。

想一想，试一试

在下面写一下近几天，你和孩子沟通中的一些感受，以及与感受相关的想法：

区分感受

如果你没有办法形容你的情绪，你只能写“我高兴”或“我不高兴”，或者你有诸如焦虑、害怕、兴奋、愤怒、不开心、郁闷等各种感受，仍然在表达感受的时候会觉得缺少一些能够全面体现你的感受的词汇。没有关系，你只需要花一点时间，通过如表3–1所示的感受清单，可以帮助你拥有更丰富的情感词汇，了解和描述你内在更丰富的情感和情绪感受，比简单的“我很好”“很糟糕”更能让你和孩子清楚在你和你们之间发生了什么。它能帮你掌握足够的情绪相关的词汇，澄清需要得到满足和没有得到满足的时候情感情绪的不同，细分你和孩子的各种感受。有利于更好地沟通情感，进一步了解感受背后的需要。当然它只是你丰富情感词汇的第一步，你可以根据你和家人的感受继续增添更多的感受词汇。

表3–1　　感受清单

需要得到满足后的情绪感受	需要没有得到满足后的情绪感受
喜爱、开心、高兴、快乐、欣喜、欣慰、喜悦、快慰、愉悦、愉快、畅快、甜蜜、兴奋、亢奋、惊喜、大喜、敬重、佩服、	情绪低落、灰心、泄气、沮丧、失望、郁闷、不悦、伤感、凄凉、压抑、忧伤、抑郁、孤独、无助、无望、挫败感、无能感、自卑、痛苦、悲伤、

续前表

需要得到满足后的情绪感受	需要没有得到满足后的情绪感受
仰慕、尊敬、尊重、好奇、羡慕、感兴趣、赞赏、赞美、赞叹、感谢、感激、感恩、有趣、活泼、有活力、惊奇、渴求、平静、丰富、满足、陶醉、平和、满意、轻松、放松、友好、温柔、友善、温暖、爱、幸福、归属感、安全感、信任、乐观、有能力、自主、自由、自在、自我表达、有创造、自信、顺心、圆满、期望、期待、希望、亲切、轻松、踏实、坦然、自豪、释然、感恩、感激、感动、放心、冷静、清醒	悲痛、悲切、悲叹、悲观、悲哀、担心、担忧、发愁、忧虑、哀愁、哀怨、哀痛、怅然、痛苦、伤心、伤感、痛不欲生、心烦意乱、不满、生气、急躁、气愤、恼火、愤然、愤慨、愤恨、愤怒、大怒、暴怒、憎恶、怨恨、憎恨、痛恨、仇恨、敌视、敌意、嫉妒、遗憾、反感、可恨、可恶、厌恶、别扭、不快、不爽、烦闷、难受、紧张、担心、疑惑、茫然、可疑、怀疑、警觉、警惕、惊慌、惊骇、惊吓、害怕、惧怕、畏惧、恐慌、恐惧、心惊胆战、震惊、惊恐、困惑、茫然、迷茫、为难、迷惑、糊涂、尴尬、惭愧、丢脸、羞耻、愧疚、难堪、寂寞、沉重、麻木、筋疲力尽、萎靡不振

通过表 3–2、表 3–3 了解与想法相关的情绪，可以从想法推断情绪，也可以从情绪推断想法，然后使用非暴力沟通语言和孩子确认彼此的感受。

表 3–2　　父母的想法、情绪相关示例

父母的想法：我认为……	情绪：我感受……
我的孩子很懒惰	失望 / 忧虑
我不是一个好妈妈	沮丧 / 担心
我的孩子不努力学习，未来会很悲催	焦虑 / 害怕
我的孩子不听话	生气 / 忧虑

表 3–3　　孩子的想法、情绪相关示例

孩子的想法：我认为……	情绪：我感受……
妈妈认为我不想上学	失望 / 生气 / 沮丧 / 忧虑
我的同学欺负我	沮丧 / 害怕
我被老师误解了	愤怒 / 忧虑
妈妈把我当成不爱学习的孩子	失望 / 沮丧 / 愤怒

想一想，试一试

下面哪些句子呈现了说话人的什么感受？

1. 我感觉被你误解了。

2. 我觉得你真没用。

3. 看到你把房间整理得这么整齐，我感到很欣慰。

4. 这个星期你没有遵守我们共同制定的规则，用了 11 个小时打游戏，对此我感到很失望。

5. 我觉得你根本不尊重我。

第一句是评价。“误解”是父母对孩子想法的一种猜测。正确的反馈是“我被误解了，我感到很郁闷”，“郁闷”才是父母的感受。

第二句也是评价。这句话表达了父母对孩子的不满，但是用评价式语言说出来会让孩子感到被父母全面否定，并不会引发他的反思，无助于他改善自身的不足。另外，这种笼统的评价，也让孩子因为不知道自己哪里有问题而感到无措。如果父母说：“看到你没有通过这次晋级考试，我感到失望。”从这句话中，孩子可以明白父母因为自己“没有通过晋级考试”而感到“失望”。孩子可以据此对父母想法和感受做出反馈，他也许会说：“我感到很伤心，需要爸爸妈妈的安慰”“我认为之前应该更努力练习，我对此感到内疚”“我认为在这次晋级考试中，我没有发挥出自己的真实水平”。接下来父母和孩子的沟通会更加顺畅。

第三句清楚地说明了感受。其中“欣慰”是父母的感受，“房间整理整齐”是父母的观察，这样说可以让孩子准确地了解父母对他具体行为的正面情绪，更容易让孩子坚持自己的这种积极行为。

第四句清楚地说明了感受。其中“失望”是父母的感受。“没有遵守规则，用了 11 个小时打游戏”是父母的观察，这样说可以让孩子准确地了解父母的感受和产生这种感受的原因，有助于孩子确认自己的那些行为是不被父母期待的，从而减少不被父母期待的行为。

第五句也是评价。“觉得不尊重我”是父母对孩子行为意图的猜测。不论猜测正确与否都会让孩子感到被父母误解，产生失望、愤怒等负面情绪。因为孩子不会无缘无故不尊重父母，其背后一定是有原因的。如果父母说“当你拒绝我的建议，我认为你没有尊重我，我为此感到愤怒”，这样会让孩子意识到他的行为导致的后果和父母情绪的反应，也许他会对行为做出解释，从而让沟通可以进行下去。这样才有利于父母帮孩子找出错误行为背后的想法、感受和需要，纠正孩子的行为。

想一想，试一试

你是否能够写出在以下情景中你和孩子可能有的感受？

1. 孩子不去上学，你询问孩子为什么不上学，他拒绝沟通，还把自己关在房间里不出来。你如何跟孩子说你的观察：______________。你的感受：__________。孩子的感受：______________________________。

2. 从学校发来信息通知你孩子最近经常迟到，而你每天看到孩子都是按时出门上学。于是，你找到孩子并告诉他你了解的情况：______________。你的感受：____________________。孩子的感受：______________________________。

3. 孩子因为在学校里和同学发生冲突被叫家长。你的观察：______________。你的感受：____________________。孩子的感受：______________。

4. 写出最近你和孩子发生的一次冲突：______________。在这次冲突中你的感受：____________________。孩子的感受：____________________。

如果你已经写下了这些感受，你如何向孩子验证你判断的准确性？__________。

如果你无法写出孩子的感受，你为了向孩子了解他的感受，你打算如何说？

____

表达感受

很多父母不太会表达自己的感受，或者拒绝承认自己的情绪，更遑论了解孩子的感受了。而在家庭成员之间无法表达情感是一件非常令人悲伤的事情，这势必会导致亲子关系中的各种误会、冲突、焦虑、不安、郁闷、恐惧。

接下来，我们还以J女士为例，讨论如何在亲子沟通中明晰父母和孩子的感受，当父母无法感知孩子的感受时，又该如何通过询问孩子，获知孩子的感受。

我：当你一大早起床为孩子准备好早餐后叫了孩子三次她还没有起床，你有什么样的感受。

J女士：她太磨蹭了。

我：我们已经从之前的学习中了解磨蹭是你对她的评价，你能回到当时感受到彼时彼刻你的情绪吗？

J女士：当然是火冒三丈。

我：所以，当时你对女儿行为的感受是“火冒三丈”。你认为你女儿的感受如何？

J女士：开心又多睡了一会儿。

我：所以你猜你女儿在你辛苦为她准备早餐的时候，不顾你的感受，带着她的“开心”感受继续睡觉。你因此火冒三丈，是这样的吗？

J女士：是的，她太不懂事了。

我：你猜孩子的感受是“开心”，推断她不懂事。后来你是否询问过她孩子为什么没有及时起床吗？

确认母女二人的感受，尝试让妈妈学习如何了解孩子的感受。

J女士：这两天女儿一直不跟我说话，之前问她也总是说她不想起床。

我：我们把孩子叫过来，现在问一下孩子当时是如何想的好吗?

助理把J女士的女儿乐乐带了过来。我和孩子简单说了一下刚才正在和她妈妈谈论的事情，然后进入感受询问阶段。

我：乐乐，这两天你正在和妈妈生气，能告诉我为什么吗?

乐乐：妈妈总是冤枉我，有时候还无缘无故地发脾气。

我：当妈妈早上叫你起床，你有什么感受吗？

乐乐：我有点烦。

确认孩子的感受。

我：什么想法让你有点烦。

乐乐：前一天睡得太晚了，我想多睡一会儿。我妈还是一遍遍地叫我，后来还骂我。她总是这样不讲理，喜欢冤枉人。

我：你认为妈妈知道你前一天睡晚了，还故意叫你那么早，你很困想多睡一会，可是妈妈不理会你，所以你有点烦。

确认孩子感受的原因。

乐乐：而且后来她还骂我、冤枉我，我快气死了。她总是这样，她什么时候关心过我的感受?

我：妈妈骂了你，你认为自己被妈妈冤枉了，这个认知让你感到愤怒，于是你当着妈妈的面摔了碗，用这种方式发泄你的愤怒，是这样的吗?

乐乐：不是发泄，我要不是这样做，她根本不会当回事。

我：你的意思是说你用摔碗这种方式提醒妈妈关注你的感受?

再次确认孩子的感受。

乐乐：是的。

我（对J女士）：乐乐对你一遍遍地叫她起床很烦，因为她认为你应该知道她晚上没有睡好，需要多睡一会。后来她摔碗是因为她认为你冤枉了她，还不会理会她的感受，她必须用这种方式才能让你注意到她的不满。

J女士（对乐乐）：可是我不知道你睡晚了。

乐乐：你怎么不知道，我关灯的时候你还从我房间门口经过！

J女士：抱歉，我没有注意你什么时候关灯。

我（对J女士）：现在你的感受有不同吗？

J女士：现在我不那么生气了，但是摔东西总归不对。

乐乐：我不应该摔东西。

我：所以，如果你们双方都知道对方的感受和产生这种感受的原因，也许你们会愿意听一听对方的感受和想法，你们的冲突就不会发生。你们愿意以后遇到问题，先了解对方的感受吗？

面对亲子沟通中孩子各种的问题，父母应该选择理解，为孩子示范更好的情绪处理方式，带领孩子感受“我的情绪”，引导孩子自己发现问题，帮助孩子走出情绪的各种纠结，在失败中学到经验，发现价值，最终找到问题解决之道，而不是让孩子花太多时间猜测父母的想法。

当然，需要注意的是父母也不要一味顺从孩子，使孩子过于自我。像乐乐用摔东西、大吵大嚷的方式来表达自己对妈妈的愤怒就是不被允许的行为，必须在沟通中使用强制方式加以制止，否则孩子就容易学会我行我素。

亲子沟通中的负面感受来自未被满足的需要

在学习感受的过程中，父母们要知道一个事实：一些令你生气的想法常常让你误以为是感受。而把想法当作感受会导致你们怒火中烧。

我们一起来看看当J女士误把想法当作感受的时候，是如何快速发展成为一种强烈的愤怒的。

我：你告诉我说，你在亲子沟通中总是容易被激怒，能够举一个具体的例子吗？

J女士：昨天上午我陪女儿写作业，看到她有一道题做得不对，对她说她做错了，结果她瞟了我一眼，很不屑地对我说："你懂什么，没事别瞎说。"当时我一下子就给了她一巴掌。

我：你当时的感受是什么？

J女士：我感到乐乐在欺负我、嫌弃我。

我：如果可以的话，你再试着让自己回到当时的情景中，再感受一下。

J女士：她那么小就会不把我当回事，我太好欺负了，我很没用。

我：你尝试对自己说"乐乐欺负我"时你的感受是什么？

区分感受和想法。

J女士：我很生气，或者严重一点说，我很愤怒。

我：如果可以的话，你再尝试对自己说"我没有用"时你的感受。

J女士：我感到沮丧，对自己失望，还有对自己也很愤怒。

我：你在这个事件中的感受有沮丧、失望、生气、愤怒，也许还有其他感受。但是当时你的脑海中只是出现"她不把我当回事，欺负我"的想法，直接就使用暴力打了孩子；而没有意识到自己内心复杂的感受，以及感受背后自己的需要，当然更无法注意到当时孩子的感受和需要。当你把自己的想法当作感受，你的情绪一下子从生气升级为愤怒。现在试一试，对自己说："当乐乐对我说'你懂什么'的时候，我很生气"，再感受一下你自己的情绪如何。

J女士：我的情绪似乎不像之前那么强烈了。

我：想象一下，如果我就是乐乐，你如何对我说出你的观察和感受，然后再感觉一下你的感受会和之前有何不同。

J女士：乐乐，当你对妈妈说"你懂什么，没事别瞎说"的时候，我感觉很生气。现在，我似乎感觉自己没有了"我没有用"的感觉了，也不那么生气了。

我：当我们可以关注到自己的感受，并表达出来的时候，感觉就好多了。

在我的亲子沟通课程以及心理辅导工作中，经常遇到父母说孩子太叛逆了。再深入探索下去，我们就会发现这类父母在亲子沟通过程中常常把不愉快的感受归咎于孩子，导致孩子在不清晰的亲子互动中模糊了家庭边界。这些孩子或者习惯于一味迎合父母，或者与父母冲突不断。即使是孩子迎合父母也并非出自对父母的热爱，而是出于内疚或恐惧，总归也会与父母渐行渐远。

下面这些句子就是父母把自己的感受归咎于孩子。

- 孩子快考试了，我烦得不行。
- 你这个熊样，我能开心吗？
- 你考成这样，我就不可能好过。
- 我这么痛苦能为什么，还不就为了你。

这些话只提及事件和孩子的行为，不提及父母自己的思维过程。如果父母能够在表达自己的情绪的时候通过"我感到……因为我……"句式来表达感受与自身的关系，如"你考试失利，我感到沮丧，因为我很看重自己亲子教育的成就"，才能让孩子倾听父母的感受。

练习

下边哪些话属于感受，哪些话属于评价？

1. 我觉得被我妈妈冤枉了。
2. 因为你向老师撒谎，我感到非常失望。
3. 我觉得你没有认真听课。
4. 我感到有点烦躁，因为妈妈不让我看动画片。
5. 照顾你们两个生病的孩子让我筋疲力尽。
6. 听说你又在上学路上摔伤了，我感到非常害怕。
7. 我觉得你从来没有想过妈妈为你付出了多少。
8. 我感觉妈妈从来不理解我。

答案

第一句、第三句、第七句和第八句是评价。

第一句中，“觉得”被“冤枉”是孩子对妈妈言行背后想法的猜测。父母听到孩子这样说可以试着问：“你认为我冤枉了你，你有什么样的感受？”

第三句中，“感到”后面是父母对孩子行为的猜测。孩子听到这样的话会对父母无法了解自己的内心想法而感到失望或生气。如果父母说“我认为你没有认真听课，感到有些失望”会更好一些。

第七句中，“觉得”后边是妈妈对孩子想法的猜测，对于孩子而言这种猜测是一种伤害。孩子会认为妈妈看不到自己对妈妈付出的回馈，会感受到失望、伤心或沮丧等各种负面情绪。妈妈应该说：“今天看到你一下子踩脏了妈妈刚刚拖干净的地，妈妈认为你没有尊重我的劳动，妈妈感到有些不高兴”，这种具体化语言明确感受及其来源，让孩子明白发生了什么、他需要改变什么。

第八句中，“感觉”不被“理解”是孩子对妈妈的猜测。听到孩子这么说，父母如果回馈说："当你想到我不理解你的时候，你有什么感受？"孩子就会更愿意和父母继续说下去。

第二句、第四句、第五句和第六句是感受。

第二句的前半句明确了产生感受的原因，后半句明确了父母自己"非常失望"的感受。让孩子清楚父母对自己的具体感受和对自己产生这种感受的原因，明确父母所认为自己的问题所在。具体化问题是让孩子改变的开始，不会像笼统地说"我对你失望"那样让孩子对自己失去信心。

第四句的前半句孩子明确了自己的感受"烦躁"，后半句则明确了感受的来源。父母听到这样的话，可以继续询问，为什么不能看动画片会导致"烦躁"的感受，作为接下来寻找需要的路径基础。

第五句具体说明了自己的感受"筋疲力尽"和产生这种感受的原因，可以引导孩子产生感激、心疼等积极的情感反应。

第六句的前半句明确了产生感受的原因，后半句明确了父母自己"害怕"的感受，从而可以让孩子直接感受到父母对自己的担心和爱护之情。

N
o
n violent
Parent-child
Communication

第4章

表达需要

在亲子沟通中，了解父母和孩子内在的需要至关重要，为此你需要做到：

- ⊙ 让父母和孩子的内在需要达成一致；
- ⊙ 把问题具体化，以充分了解亲子双方的需要；
- ⊙ 把“不得不做”变成“我选择做”。

家庭幸福的本源是家庭成员之间的联结，相互为家人的幸福做出贡献，前提是家长能够了解自己和孩子的内在需要，爱自己并愿意把幸福和爱分享给孩子。

了解自己，你要先注意两个问题：

- 你内在最富有生命力的东西是什么？
- 是什么让你的生活更加美好？

也许你的回答是“我很善于画画”“我跳舞非常好”或者“我是一个很好的乐曲演奏者，这就是我内在富有生命力的东西”。你还会说“如果有很多钱，我的生活就会很美好”“如果我长得更漂亮一点，我的生活就会更加美好”。你不要急着去回答刚才那两个问题，物质化的回答会让你失去你对自己内在的体察，阻碍你去感受和发现孩子真正的需要，也就失去了你们真正沟通的渠道。刚才的回答实际上是对你生活的一种否定，这种否定会激发你的防御和对外部世界的对抗，进而会阻碍你和孩子之间的关系。

什么是我们的需要

需要是维系每个人生存质量的必备资源。作为人类，我们的基本需要大致相同（详见表4–1），不同的主要是满足需要的方法。要弄清什么是一个人的需要本来并不是一件困难的事情，却有很多父母在生活中把需要和满足需要的方法混淆了，导致亲子之间出现了各种本不应该出现的问题。如果我们在沟通中能够将需要和满足需要的方法区分开，那将有助于化解冲突、更好地沟通。

在我的工作中，经常有学员会说：“孩子的需要根本就不能听，他们要每天玩两个小时电子游戏，不写作业，这种需要能满足吗？”“自从有了孩子，我根本就不可能有自己的需要，我想去洱海住一个月，可是孩子暑假还要补习功课，根本去不了。”其实，以上两件无解的事都是在谈论满足需要的具体行为或者满足策略，而非需要本身。从需要入手，我们可以想办法找到其他同样可以满足且有解决途径的方法，而不是面对问题一筹莫展。

表 4–1　　人类常见的基本需要

生理及安全的需要	洁净空气和水、丰富的食物、免于疾病和外界伤害、受到滋养、休息、爱抚、性、健康保障、睡眠、良好的居住环境、人身安全、家庭安全、财产安全、生活稳定、工作职位保障等
相互依存及归属的需要	接纳、欣赏、亲近、分享、照顾、真诚、爱、支持、信任、理解、温暖、诚实、平静、信心、倾听和被倾听、体贴、亲密关系、相互的关心和照顾、安慰、情感相通、言行一致、诚实、纪念重要的人或事情的失去、成就、表达自己的悲伤、秩序等
尊重的需要	被他人尊重和自尊、他人对自己的认可、信赖、激励、平等、公正、公平、隐私、自我表达、影响力等
成长和自我实现的需要	了解自身的天赋、美和求知、幸福感、兴趣活动、玩耍、自由的选择自己的梦想、价值观念、自由、自主制定人生规划和实现梦想的路径、奉献（丰盈自己的生命）、被他人服务、庆祝创造和梦想的实现、创造、意义、自我价值等

如果父母能够对自己的需要有足够的觉察，就会发现自己对孩子的最基本的需要是尊重和合作。正是这种需要让父母愿意引领孩子一步步走向幸福人生。不过尊重和合作的需要可能会带来一个问题，那就是容易让父母忽略孩子的需要，强制要求孩子做“正确的事情”。尽管大多数时候父母对孩子的要求并不过分，但孩子仍然会在这种“正确的”亲子沟通中感到伤害。父母越是坚持，孩子就越反感，乃至会抗拒父母的一切言行，这些孩子成了所谓的“家庭叛逆者”；也有的孩子会在亲子沟通中学会讨价还价，最后把事情做得与父母刚开始设想的截然不同，这些孩子变得越来越阳奉阴违。

而如果父母在童年时期经历过物质匮乏的阶段，就更容易关注孩子生理和安全的需要，在经济允许的情况下，会为孩子提供尽可能多和好的衣、食、住、行。我见过很多年轻或中年妈妈会跟我说她们要让孩子能够想吃什么就吃什么、想穿什么就穿什么，为尚在襁褓的孩子买各种教育基金，为孩子提供足够大的住房。相比之下，关注孩子被倾听、自由、自尊、信赖、激励、自主、兴趣活动等需要的父母就少了许多。

与此同时，更少有父母注意到自己情绪波动是因为哪些需要没有被满足造成的。父母极少意识到，当自己在寒冷的冬日被迫睡眼惺忪地从温暖的被窝里爬起来给孩子做饭时的烦躁是因为自己的“生理的需求”“爱和被爱的需要”“支持的需要”“理解的需要”“尊重的需要”没有得到满足。

这时父母在潜意识中会认为自己是被迫照顾孩子，也会忽视孩子的需要。因为这时父母常常会把孩子的需要当成幼稚的、不可理解的、应该被批判的，孩子会出于保护自己不受伤害的原因，有意识或者无意识地把自己的需要隐藏起来。一旦亲子双方忽视或隐藏彼此的感受与需要，很容易将冲突归咎于对方，就很难用爱的语言进行沟通，反而让双方更多地感受到语言暴力，于是各种冲突就不可避免地出现了。

了解需要是达成爱的亲子沟通的关键。了解孩子的需要，能够让他感到自己被尊重、更有价值感。除了使沟通更顺畅，还能让孩子变得更加自信。而当父母和孩子之间相互尊重和合作，亲子沟通是基于双向互动，双方都能够充分了解对方的感受和需要，清楚地表达“想要什么”而非“不要什么”，孩子就更容易尊重父母，采取合作的态度，和父母一起寻找满足双方需要的路径。

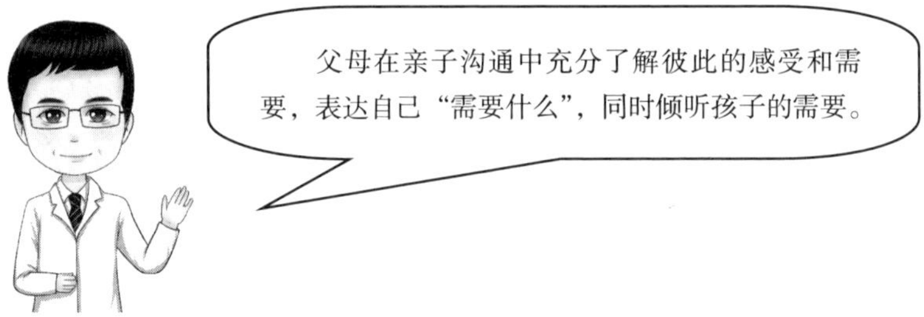

把问题具体化有助于了解亲子双方的需要

一些父母上我的课程时，说得最多的一句话是“我不知道我有什么需要，就是在这件事上感到心里不舒服”。当我把他们的问题具体化，详细询问他们生活中的某个事情的细节，就会让他们意识到导致自己不适的情绪来自未满足的需要。

在我的课程中，我曾经遇到一位因为女儿不愿意上学而沮丧的妈妈，她请我帮助寻找自己的需要。

我：你女儿不去上学，让你感到什么样的需要没有被满足？

妈妈：我只是想让她去上学，这就是我的需要。

我：这不是你的需要，这是你想让你女儿去做的，而不是你的需要。你能告诉我今天早上，到了该去上学的时间你的女儿没有背上书包去上学，而是待在家里的整个过程中，你感受到的最强烈的情绪是什么？

妈妈：愤怒。

我：你注意到是什么让你的愤怒达到了顶峰吗？

妈妈：我第三次催促她去上学，她把书包扔在地上，冲进自己房间，锁上门的时候，我的愤怒达到了顶峰。

我：当你的愤怒达到顶峰的时候，你有什么想法吗？

妈妈：谁愿意每天一大早上起来做饭，还不是为了她，她还这么不听话。

我：你女儿不听话，让你感到什么需要没有得到满足。

妈妈：她不尊重我。

我：是尊重的需要没有得到满足让你怒火中烧？

妈妈：我需要尊重。

我：如果你能够跟孩子说“你和我争执，让我感到愤怒，因为我认为你没有尊重我，而我看重尊重”，你的感受会发生改变吗？

妈妈：那要看她怎么回答了。

我：这句话听上去像是把你自己的情绪归咎于女儿。如果你愿意，现在深呼吸，让自己放松下来，再次在心里对自己说“今天早上我感到愤怒，是因为尊重的需要没有得到满足”，感受一下你现在的情绪。

妈妈：似乎没有那么激动了。

父母保证不对孩子做出评价和判断、避免负责、比较和求全责备等负面语言的核心就是知道自己的需要。当父母知道在沟通中自己的哪些需要没有得到满足，就比较容易承受亲子沟通中不如意的事情。

忽视需要阻碍非暴力沟通

当孩子宁可百无聊赖地玩手机，也不愿意去睡觉的时候；当孩子一回到家就匆忙打开游戏，根本不理会自己还没有写完作业的时候；当孩子宁可冒着上课迟到的风险也要在床上多赖一会儿，你不断地催促他，而他却置若罔闻的时候，你是否思考过为什么你期望孩子早点去睡觉、回家先写作业、早起五分钟，而孩子的行为却与你的期望背道而驰？也许你会说“因为早点睡觉更健康”“回家先写作业才能够养成良好的学习习惯”“早起一点才不会因为迟到被老师批评”；你也许会说“大家都这么做的，这是社会的规则，我的孩子也必须这么做”；或者你会说“如果我不这么做，别人会指责我不是一个好父母”。很少有人想到对孩子的期待中含有哪些自己的内在需要，孩子那么做又满足了父母的哪些内在需要。

父母每天下班匆匆忙忙赶回家给孩子做饭；父母带着孩子风里来雨里去上各种培训班；父母辛辛苦苦地给孩子辅导功课、帮孩子完成各种老师交代的任务；父母放弃自己的娱乐、爱好、发展为孩子忙忙碌碌，却很少有人去思考为什么自己要这么做。你会说“因为我是父母，我不做谁做”。这真的是属于你内心深处的真实想法吗？这种想法让你感到心满意足还是充满了不甘、抱怨，甚至愤愤不平。日复一日地匆忙、回家就为了孩子的一顿饭是你的需要吗？为人父母的你是不是已经习惯了在生活中压抑自己的需要？

当孩子钢琴考级没有通过时，你批评孩子不努力；当孩子的阅读理解不尽如人意时，你为了孩子的语文成绩惴惴不安；当孩子没有听从建议报考了你不喜欢的学校，你因为担心孩子的发展而烦躁不安的时候，往往会试图让孩子花更多的时间练习钢琴、帮孩子报阅读训练课程、帮孩子修改志愿，很少有人想自己是在帮助孩子还是满足自己的内在需要。

我的一位学员是一名八岁孩子的妈妈，一直为亲子冲突感到不安。

妈妈：我总是冲着自己的孩子大喊大叫，我也意识到了，孩子非常受伤，我希望自己没有对孩子说那些话，但是我总是克制不住自己的情绪。

我：当时你有什么样的感受？

妈妈：我是一个可怕的妈妈，我不应该这样对孩子说话。

我：当你这样想的时候，你有什么情绪反应？

妈妈：我很沮丧，对自己很失望。

我：你认为自己有哪些未满足的需要，导致你感到沮丧和失望。

妈妈：您的意思是说我之所以一直没有办法和孩子的沟通，指责自己，是因为忽视了自己的需要？可是我没有想过自己会有什么需要没有得到满足。

我：冲孩子大喊大叫，并不意味着你是个坏妈妈，从来没有完美父母，就像从来没有完美孩子一样。如果你期待自己是完美的，你同样也会期待你的孩子是完美的，这对你和孩子都是巨大的压力。只有能够关注自己的需要，你和孩子之间才能建立起爱的桥梁。

妈妈：我确实总觉得自己不够好，认为照顾好孩子是一件非常困难的事情。我不大相信自己，是自尊的需要没有得到满足吗？

我：阻碍非暴力沟通的三种重要感受是沮丧、内疚和羞愧。一般与尊重、自尊、理解、信赖、支持等需要有关。现在你可以尝试花几分钟对你的过去暴力沟通再次进行感受，这不是一种自责，而是观察自己在那些情景下有什么样的需要没有得到满足。

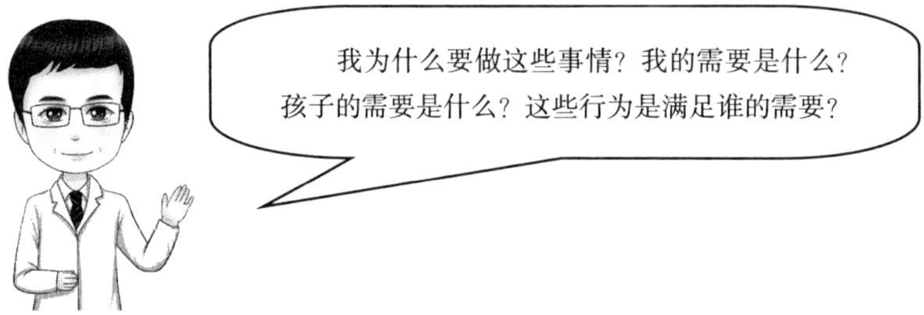

了解孩子的需要，表达你的需要

了解孩子内在真实的需要，而非仅仅知道孩子需要满足的某一个路径，然后向孩子表达自己的需要，是在亲子沟通中达成一致的重要因素。有时甚至当父母感知到孩子的需要，沟通马上就会变得非常高效，使问题的解决变得轻松愉快起来。如果你能够感受到孩子的真实需要，接下来就有机会把自己的需要告诉孩子，也许在20分钟之内就可以解决你们长期以来悬而未决的问题。

我们以J女士和女儿乐乐沟通孩子花钱的问题，当母女俩把注意力集中在“到底一个月花多少钱是合理的”和“这件事到底是谁的问题”的时候，两个人都把矛头指向了对方，认为对方不理解不尊重自己，双方的语言毫无疑问充满了火药味，谁也无法说服对方。最后孩子所感到的只能是妈妈的责难，只能是因此满腹怨怼；而J女士感受到的是对女儿的失望，内心充满了无奈和自己教育失败的沮丧。两个人的亲子关系因此而冲突不断。

J女士：你一个月就花了1000元零花钱，别的小朋友可不会花钱这么狂。

母亲的判断和批判。

乐乐（瞟了妈妈一眼）：我花钱一点也不多，我的同学笑笑一个月的零花钱都两三千呢。

J女士（带着怒气）：我们家可不是笑笑家。两三千？你怎么不上天呢？一个小学生，要那么多钱干什么？

乐乐（瞪着妈妈）：你眼里就只有妹妹，给妹妹花再多的钱你都不在乎，可是我就花了1000多，你就这么冷嘲热讽的。

孩子的分析、批判。

J女士（大声说）：你花钱大手大脚，还不让说了，还跟我嚷嚷。妹妹可比你乖多了。

这是理性分析，是判断，结果是反抗。

乐乐（愤怒地叫喊）：你就是不想给我花钱，你不把我当回事。我还是不是你生的？

孩子批判和反抗。

在这个亲子沟通的过程中，我们看到的是母女二人都在用自己的判断代替爱的语言。这时J女士脑海中充满了“乐乐不听话”“乐乐花钱大手大脚”“乐乐不乖”等想法，而乐乐满脑子都是“妈妈不爱我”“妈妈只爱妹妹”“妈妈只会嘲讽我”等想法。当两个人的脑海中充满了令自己厌恶、恐惧的猜测的时候，对方就会变得面目可憎。两个人的内心都被各自臆测出来的想法充满了，根本无法意识到还有其他的可能，更不会意识到其他可能比自己的臆测更真实可靠、更有助于问题解决。之所以出现这种情况，很大一部分问题是因为两个人在亲子沟通中回避了自己的需要。

那么到底什么是需要？父母如何了解孩子的需要以及向孩子表达自己的需要呢？

我们以孩子希望每天打游戏为案例说明什么是孩子的需要。

我：你刚才说你儿子希望每天需要打两个小时的电子游戏，不写作业。

母亲：他和他爸一个德行，好逸恶劳。

我：我听到你在分析儿子为何想只打游戏不学习。我没有听到他的需要是什么。

母亲：每天打游戏不学习难道不是他的需要？

我：孩子，你可以告诉我你的需要吗？

孩子：我想打游戏。

母亲：看看，我就知道。

我：我们换一个说法，妈妈不让你打游戏时，你的感觉如何，你有什么想法？

孩子：我很生气。我知道我妈为我好，但是我都这么大了，她还把我当小孩一样管。我从小到大，我妈一直管东管西，我从来没有一点自主的时间。好不容易有一个游戏让我上心，我比大多数人打得还好，他们在游戏里都管我叫老大。我妈什么都不问上来就收我的手机，还上纲上线，连我爸都拉上了，烦不烦啊。

我：你的需要是自主安排你的时间以及获得同龄人的尊重，是吗？

孩子：还有我妈的尊重。

我：孩子期望得到尊重及独立自主。作为母亲，你有什么需要没有得到满足？

妈妈：我不管他，他能管住自己吗？

我们可以在这段对话中看到以下两个问题阻碍亲子沟通。

其一，在母子对话中，母亲把“打游戏”看作孩子的需要。显而易见，在后边的对话中我们发现孩子的真实需要是“独立自主和周围人的尊重”。也就是说“打游戏”只是孩子实现“自主和尊重”的一种方法，父母完全可以通过和孩子进一步沟通帮助孩子发现实现需要的其他途径。父母想了解孩子的需要，往往要从孩子的感受开始，很多时候感受是需要的信使。

其二，即使孩子明确表达了自己的需要，孩子的妈妈并没有及时做出反馈，而是继续质疑孩子没有能力自主做出恰当的决定。过度担心孩子无法客观地面对事实、处理好自己的学习和生活中的各种情景是很多父母共同的问题，而这种担心正是处在青春期的孩子常常会和父母发生冲突的主要原因。

所以，为了让母亲能够听进去孩子的需要，我会先放下孩子的需要去关注母亲自身的感受和需要。

我：我听到你很担心你儿子的未来，你因此而感到焦虑、不安、忧虑，而且你还因为对儿子学习不努力而感到失望。现在我想听一听你的需要是什么？

母亲：我需要他考上好的大学，现在上不了一流大学还能有什么出息。

我：我听到了你对孩子的期待，你期望孩子能够成为同龄人中的佼佼者，如果实现了这个目标，满足了你什么需要。

母亲：我是他妈，让儿子能够开开心心一辈子就心满意足了，我没有想过自己的需要。

我：你把自己的全部都投入到孩子身上，完全忘记了自己。

母亲：我们对孩子没有什么过分的要求，之所以不让他打游戏还不是为他好。

儿子（带着愤怒低吼）：你是为我好？你是为了自己的面子！

我：你儿子有不同的观点，他觉得你不让他打游戏满足的是你的需要，而不是真的对他好。需要儿子快乐，这个也不是你的需要，是你对孩子的期待。那么你的需要可能是什么呢？

母亲：我不明白什么是自己的需要。

许多亲子沟通有问题的父母，之所以不能明白孩子的需要，是因为无法明晰自己的需要，一个人连自己都搞不明白，怎么会了解他人内心真实的想法、感受、情感需求呢？如果不了解孩子的内心，如何能够用孩子易于接受的方式帮助孩子成长呢？

所以接下来，我要做的就是帮助这位母亲了解什么是自己的需要，如何发现自己情绪背后的需要。与此同时，还要帮助她区分方法策略和需要的不同，最终帮助她明白完全可以找到一种满足母子双方需要的方法，而不是强迫孩子按照母亲的方法去学习和生活。

我：需要是一种像空气、水、阳光一样的生活必需品。我这里有一个关于人的基本需要的表格。你看一下是否能在这里找到可以命名你需要的词汇。

我将常见的需要列表展示给这位母亲。然后我和孩子的母亲沟通表格中词汇或语句的含义，帮助她确认自己的需要。

母亲：我想，当我看到孩子打游戏不学习的时候，会担心孩子未来没有好的生活。嗯，应该是安全的需要没有被满足。当孩子顶嘴的时候，我很愤怒，我想我被尊重的需要没有被满足。

我：刚才你提到了，你期望被孩子尊重的需要没有被满足。接下来我们一起再看看，是否能够发现当你因为孩子打游戏而没收孩子的手机，然后又和孩子发火，孩子的哪些需要没有得到满足。

母亲：尊重和自主？但是，他自己都不尊重自己，想考好成绩还不努力，每天打游戏，让我怎么给他自主。

我：你是否注意到孩子刚才提到这是他唯一上心的游戏，还比其他同学打得好。

母亲：他就爱玩，和他爸一样不上进，提起玩比什么都上心。

儿子：你知道什么呀，其他游戏我都是打一下就卸了，只有这个游戏我打了这么长时间。还有，你知道不知道你没收了我的手机，这两天我都没法上游戏，一下子落下来了，他们都在嘲笑我。

母亲：游戏打得好坏有什么关系，马上就要考试了，你知不知道？

我：如果可以，我们再谈谈你担心孩子的未来。这似乎还是你对孩子的期待的另一种表达方式。你可以再想象一下，当孩子高中毕业，考上了一所普通的大学，你的感受如何？

母亲：我会很失望、很沮丧。

儿子：你会感到丢脸、没面子。

母亲：你的表哥他们都上了那么好的学校，你好意思上个差学校吗？

我：我注意到，如果你的儿子没有如你所愿考上一所重点大学，你会失望、沮丧，感到丢脸。所以，你是否可以从你的感受中发现你的需要。

母亲：也许是向我的家人证明我的教育方式是成功的，被欣赏？被接纳？他人的认可？所以，还是被尊重的需要吗？

可以看出来这位母亲开始了解自己的需要，但是要学会了解孩子的需要还有一段路要走。另外，这位母亲还要学习进一步确认自己的需要，比如，她认为孩子考不上大学会让她的安全需要受损，这有可能是错误的。我们可以确认的是孩子的母亲对“尊重”有高度的需要，当孩子不能满足她的需要的时候，她始终无法关注到孩子的需要。我需要帮助她带着自己的情绪去感知孩子不听话背后的所要表达的需要是什么，然后用自己的语言表达出来；训练她帮助孩子清楚地表达自己的需要，以防止这位母亲被孩子错误的表达方式激活内心对不被尊重的愤怒。如果母亲的愤怒不被激活，她就有可能听到孩子的需要。

我：你为孩子考前还要打游戏而担忧，为孩子的将来感到不安和忧虑。你期望能够管束孩子的行为，让他把精力花在学习上而不是游戏上，你需要他尊重你为他的教育所付出的辛劳。

母亲：是的，他一点也不能理解我，我还不是为了他，他要不是我儿子，是一个陌生人，我干吗要管他。

儿子：我宁愿你把我当成陌生人。

我：你是否能够把这种不安告诉你的儿子？

母亲：你光顾着打游戏，能考上什么好学校？

儿子：我考什么学校跟你有什么关系？

母亲：你是我儿子怎么没有关系？

我：刚才你用你的方式告诉儿子，你为他担心。可是他的反应应该和你期待的不一样吧。

母亲：他就是不能理解我的苦心。

我：你能告诉我你刚才说“你光顾着打游戏”这句话的时候的情绪吗？

母亲：我很生气。

我：所以，你是带着生气的情绪跟孩子说话的，是吗？

母亲：当然，我能不生气吗？

我：平时如果其他人带着情绪和你说话，你会有什么感受？

母亲（思考）：我会不舒服，也许还会感到被指责。

我：同样，你带着生气的情绪和孩子说话，他很可能也会感到被你指责了，然后会拒绝和你沟通甚至和你发生冲突。

儿子：我妈永远就像吃了炮药一样，我根本不想搭理她，她偏偏会追着我说，特别烦。

我：当一个人听到难以接受的话，我们会有三种以下选择：

1. 认为自己错了，会感到内疚，甚至自我厌恶；

2. 指责和反驳对方，通常会感到愤怒；

3. 了解自己的感受和需要，以及用心体会他人的感受和需要。

前两者的选择会导致指向自己或对方的语言暴力，多数情况下不愿意听下去，甚至会和说话的人发生冲突。

后者则会通过了解需要、期待、愿望，发现源于自身的感受，找到解决冲突的方法。也许你可以试一试，即使你很生气，也可以尽可能客观地描述你观察到的情况，说出你的感受，心平气和地表达你的需要，倾听儿子的需要。

母亲：嗯，我试一试。儿子，看到你在考试前还在打游戏，我感到很生气，因为我需要被尊重。不过，我还是愿意听一听你打游戏能够满足你什么需要。

儿子：我不是小孩子了，你能不能不要什么都管，给我点自由。

我：试一试，用你的语言确认孩子的需要。

母亲：你需要自由。

儿子：我自己知道自己要什么，你不管那么多，我一样可以很好。

母亲：我不管你，你能管住自己不打游戏？

儿子：看看，我妈又来了，她根本改不了。

我（对母亲）：当你听到孩子说他要自由的时候，你的情绪是什么？

母亲：我有点害怕，我很担心没有我的关照，他会天天打游戏。

我：你的儿子天天打游戏，对你来说意味着什么？

母亲：我儿子会学坏，会没有出息。

我：你儿子学坏、没有出息对你来说意味着什么？

母亲：同事、周围的人怎么看我，他表哥、表姐都上了那么好的大学，就他一个人考不上大学，我过年都没脸回家。

我：你的意思是你担心你儿子会因为每天打游戏让你丢脸。

母亲（思考）：我儿子总说我很虚荣，而我一直认为只是为孩子好。其实，我还是想让孩子给我争面子，还是想满足自己被认可的需要。

我：所以，当你对儿子发火之前，多想一想“这件事对我来说意味着什么”，直到你确认自己明白了这件事是对你而非对你儿子造成的影响。

除了想通过孩子的成功满足你被尊重的需要，你还可以想一想这里是否还有一些你期待被满足的需要。发现你自己的需要，体察发展出你的行为和情绪的内心背后的真实需要，不论它看似卑鄙、高尚、令你羞耻还是其他，都不要拒绝。然后对自己一字一句地说出来，尝试去理解和接纳。通过这个过程，你学会了解自己、包容自己、宽恕自己。这个过程让你学会爱自己，也学会爱你的孩子。

这个过程让你学会思考你的行为动机，了解如何做是遵从你的本心，不再为了取悦他人或环境而做自己根本不想做的事情，不再出于恐惧、内疚、羞愧和义务去做事情。把你“不得不”变成“选择做”。摈弃“必须”“应该”这些词对自己和孩子的伤害。

爱孩子首先要爱自己，爱自己就需要了解自己的需要，为了让你能够切实体会到你的需要，你可以做一些相关的自我训练。

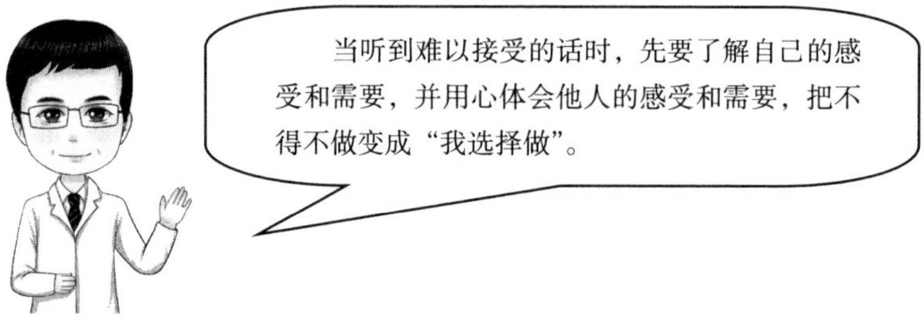

放松训练有助于感受内在需要

接下来，我花了半个小时的时间使用以下指导语，教授这位母亲学习呼吸放松训练，帮她学习如何发现和认识自己的需要。

自我体察需要的指导语：首先要学习观察自己的行为，不论自己认为是好是坏，静静地感受，客观地描述它此时此刻真实的状况，让它客观地存在。

设想一下，你每天可以找一个空闲的时间，自然地坐在一个空气清新、光线及温度适度的地方，通过 3~5 分钟的腹式呼吸让自己慢慢放松下来。放任自己的思绪自然地出现，自然地流淌和飘散。

也许你会注意到一些想法和情景，也许什么也注意不到，就这样让一切自然地发生。你全然接纳在头脑中出现的一切。也许在这个过程中，脑海里会出现某些想法，不论是高兴、满足、失望、愤怒、焦躁、期待还是其他任何情绪，你只是纯粹地感受它。也许你脑海中会停驻这样一幅画面：儿子又拿回了不完美的成绩单，你会火冒三丈，心里想“考得这么糟糕，怎么还有脸回家”。你可以尝试观察自己，也许有以下一个或多个的负面想法和行为：推搡孩子；感到孩子给自己丢脸了；想到自己的努力没有得到期望的结果时的失望；对孩子未来的担忧和自己不得不去应对孩子无法成功后的种种困境；想到自己年事已高还必须承担一家人生活时的压力；感受到自己无论多努力仍得不到回报时的委屈；被他人议论时的不安和焦躁；对未来的恐惧、担忧和对孩子不努力的愤怒、不满等情绪。从中发现自己的需要，你会感受自己没有被满足的以下一个或多个需要：被孩子尊重的需要；生活保障的需要；在与群体交往中保持更高位置的需要以及在孩子成功中寻求成就感的需要……你可以一字一句地把自己的需要对自己说出来。比如，你可以说：“我需要安全，我需要尊重，我需要良好的居住环境，我需要精致的美食……”最后，你在冥想结束的时候在笔记本上写下刚才你告诉自己的需要，不论它看似高尚或卑劣。通过你自己的真实感受，你就发现了自己内在的需要，这时离了解孩子的需要就不远了。

如果此时你还没有发现自己和孩子的需要也没有关系，发现自己和孩子的需要其实并不是很难，关键是要使用“我选择……因为我想要……”“孩子选择……因为他想要……”的思维模式。确定你的需要主体是你，而非孩子；确定孩子的需要主体是孩子而不是你。在这个过程中，你要深入理解自己和孩子行为背后的动机、价值取向。你最看重的是什么？孩子最看重的又是什么？我们每个人都有自己的需要，作为父母最常见的需要是尊重和合作，孩子最常见的需要是爱和接纳。如果是义务，即使是有趣的，也容易让人感到厌倦，内心所产生的各种冲突则会让自己感到糟糕。记住你和孩子都不要只做有乐趣的事情，在取悦自己的同时也要满足他人，从而让自己内心丰足。只有这样，你和孩子才能变得富有生命力，你们才能感受到生命的丰满。

另外，在这个过程中注意你的所思所想是出于对自己和孩子的爱，期待的是让你们的生命更加丰盈，而非仅仅是出于某种职责、义务、他人赞同、获得奖励、避免惩罚、避免羞愧。否则会让孩子感到自己的生活就是为了回报父母、为了讨好他人，他们就会在生活中避免责任，或者委曲求全，在沟通中有所隐瞒或拒绝沟通，让沟通变得复杂而困难。

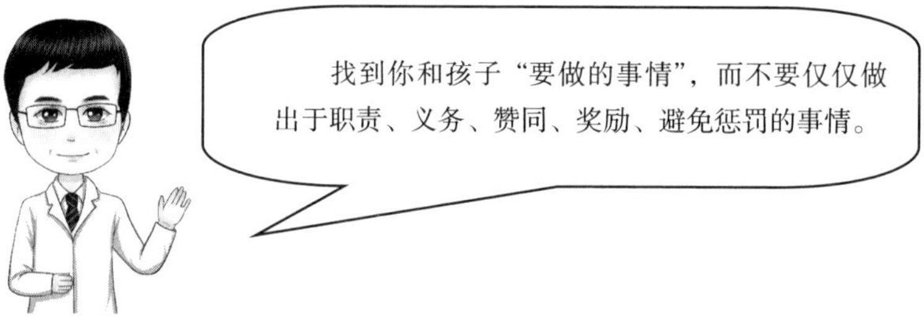

停一停，想一想

在以下情况下，你可能有何种未被满足的需要？

1. 儿子跟你说，你没有注意到他通过努力获得的成就。你感到不安。

2. 女儿在早上自己走路上学途中不小心摔破了膝盖。你感到很自责。

3. 女儿晚上 11 点还待在你的房间里迟迟不肯回自己房间睡觉。你感到生气。

本周在和你的孩子沟通过程中最让你生气的一件事情是________，你未被满足的需要是________。

在以下情况下，孩子可能有何种未被满足的需要？

> 1. 当孩子因为在学校里与同学发生冲突不肯回学校上学。
> 2. 当你看到孩子作业不合格严厉批评了孩子，孩子却说他被冤枉了。
> 3. 你和孩子商量好了一起打扫房间，孩子突然反悔。
>
> 本周亲子沟通中你的孩子反应最强烈的一件事情是____________________，
>
> 孩子未被满足的需要是____。

我们再次回到 J 女士的案例中，一起来看看她们通过学习非暴力沟通把沟通的重点转向自己和对方的需要的时候，她们的沟通可以出现什么转机。

J 女士：你愿意和我说说，为什么这个月你会花掉 1000 元零花钱，买了这些东西吗？

乐乐：妹妹要什么有什么，我觉得你很爱妹妹不爱我。

J 女士：你认为我更爱妹妹，你期望得到和妹妹一样多的爱。

乐乐：你陪妹妹上早教班花了很多时间，还花了很多钱。我知道早教班很贵的，笑笑跟我说加起来要三四万元，我小时候都没有上过。还有，每次你陪妹妹去上早教班都没有办法及时回来给我做饭。

J 女士：所以，你感觉我忽视了你，期望我能够花更多的时间陪伴你，期望我给予你更多的爱。所以，你能告诉我花钱买这些东西，你会有什么感受，满足了你的什么需要吗？

乐乐：我觉得很满足。

J 女士：如果你愿意，可以说得更具体一些吗？

乐乐：别的妈妈都会很愿意给孩子买东西。

J 女士：所以，你认为花钱买东西让你部分满足了你期待我关心你的需要。

乐乐（嘟囔）：你都不知道我有多想你像关心妹妹一样关心我。

J女士：所以，你还期待我公平地对待你和你妹妹。

乐乐：其实我也不是那么想买东西，就是心里有些烦。

J女士：很高兴今天能聊到你的需要。我也想和你分享一下我的需要可以吗？

乐乐：当然。

J女士：当我知道你一个月花了1000元零花钱的时候，我认为你把我的话当耳旁风了，我觉得你不尊重我，我感到很愤怒，于是我严厉地批评了你。也就是说，当你没有经过我的允许花了1000元钱，我认为我尊重的需要没有得到满足。

乐乐：对不起，以后我会提前和你商量的。

J女士：作为你的妈妈，我期望我们能够一起遵守家庭规则，一起把家变得温暖和富有生机。这需要我们尽可能地分享彼此的感受和需要。另外，如果你愿意，是否可以和我一起找一个能同时照顾好你和妹妹感受的方式呢？

要知道你有选择的权力，而不是一定按照我的意见去做。当然，有的时候我也会提一些建议，让你能够有更广阔的思路选出最适合自己价值观的生活方式，你也要为你自己的选择负责。当然，这并不意味着我不管你，而是让你通过自己选择学到更好的成长方式。

乐乐：那么我现在想谈谈我的想法。

亲子关系的修复需要父母花时间不断表达感受

当然，有的时候孩子与父母之间积怨多年，即使父母已经表达了自己愿意了解孩子，表明了自己明了孩子的需要，孩子也不一定能听进去，因为他过去所经历的亲子沟通已经给他带来了太多痛苦。他会封闭自己，拒绝父母任何形式的进入；或者允许父母进入，却拒绝进入父母的内心世界，不接受父母的请求。这时候就需要父母花上一段时间，花费一些精力在生活的各种场景中耐心地向孩子重述自己期望了解孩子的想法、感受、需要，让孩子确信父母有强烈意愿去理解他，至少正在学着去理解他，自己的家庭已经是可以安全表达自己的所思所想的地方，父母是可以沟通和信赖的。然后，父母就有机会表达自己的感受和需要，提出自己的请求。

例如，如果父母在沟通中感受到孩子伤心的情绪，可以对孩子说“我感到你伤心了”，让孩子感到你在用他的方式关注他，如果他有反应，你可以继续说“我这几天听到你说……你的意思是……”表达你对他言行的理解，让他更有可能愿意和你分享更多的信息。你可以继续使用倾听技巧，确认孩子的感受、想法和需要。当你确认自己已经理解了孩子的感受和需要，你就可以把你通过需要认知练习中了解到自己的需要，使用孩子的语言真诚地向孩子表达，获得他的认可。如果你的想法和孩子仍然不一致，可以在不同场合重复以上倾听过程，表达你对孩子的理解。在这个过程中切记一定不要说“你错了”“我早就提醒过你，你根本不听我的”等批评性语言，这些批评性的语言会让孩子感到被贴上“坏孩子”的标签，他就会再次把已伸出的沟通之手收回来，导致你前功尽弃。这种倾听和重复倾听，让孩子感到他被信任，需要与被需要的联结通过信任的加持，就将你和孩子用爱紧紧地联结在一起。

达成需要的路径

我们已经花了很多时间了解什么是需要，接下来还要学习把需要和达成需要的路径区分开来。在前边的例子中，我们已经知道有时父母会把孩子达成需要的路径当成孩子的需要，而感到孩子不可理喻、无法被满足。所以，对孩子提出的各项要求百般阻挠和压制。

我们也看到了需要列表，对需要有了更清晰直观的了解，知道了从生理的需要到自我实现的需要。需要不是一种直接的目标，而是一种精神的需求，是深层次的、内在的，它常常通过外在的路径来实现。例如，孩子需要被理解，他直接提出的路径可能是“你允许我上网打游戏”。他的逻辑可能是，你应该知道我学习很累了，上网可以让我轻松一下，如果你不让我上网就意味着你没有理解我上述的想法；如果你允许我上网了，意味着你理解我已经努力学习，只是现在想放松一下的想法。父母可以通过亲子沟通中对孩子的充分了解，将自己已经了解到的“孩子在学习上已经尽力”的事实反馈给孩子，孩子就会感到被理解的喜悦。然后，父母就能继续帮孩子发现在这个事件中，孩子还有玩耍的需求，表示自己也认可玩耍是一种合理要求，是孩子成长的必经途径。同时帮助孩子明晰玩耍的路径有很多，打游戏只是其中一个，进一步和孩子一起发现孩子期望“打这个游戏”的愿望来自哪里。也许就像在前面的例子中孩子提出了自己“打得好”，也许是周围同学都在打这个游戏。前者可以满足孩子被尊重的需要，后者可以满足孩“被同龄人欣赏的”的需要。最后，父母和孩子就可以一起寻找更多满足“理解”“玩耍”“欣赏”需要的路径。孩子也许会发现和朋友、父母分享自己的所思所想，和同学一起打篮球等方法完全可以更健康地满足自己的需要。

了解需要的另一个值得注意的事情是，听到孩子的需要并不意味着你真的理解了孩子的需要，也不意味着孩子说出来的需要就一定是他想要的。要知道未成年不仅仅身体未成熟，他们的心智也一样不成熟，这就需要父母的反复确认。很多孩子说不期望父母干涉他们的事情，听上去似乎要求“自主”，如果父母真的什么也不管，有的孩子又会说“别的家长都会帮助孩子做……”临床心理研究发现，当孩子表达“不期望父母管束”时，有的孩子需要的是“自主”，有的孩子需要的是“信赖”，有的孩子需要的是“尊重”，有的孩子需要的是“理解”。作为父母必须小心区分同一种表达背后的不同意义，才能和孩子达成最有效的沟通。

我们还以“J 女士女儿乐乐想和同学上公园玩，J 女士因担心孩子安全不想让孩子自己去”事件为例，来看一看如何正确理解孩子的需要。

乐乐：妈妈，我和同学去公园看花展了。

J 女士：你们去公园就会去玩水，上次就差点出事，你们这群小孩就不会老老实实去看花。

乐乐：我不去水边不就行了。

J女士：我希望你能承诺只去看花，绝对不去水边。

乐乐：烦死了，要你管。

J女士：你的意思是不希望我管你，让你自主决定上哪里玩。

乐乐：我都这么大了，当然知道不要到水边，不要到没人的地方，不要自己坐摩天轮，不要爬假山。我们只是去公园看花，看花！你以为我们去干什么。

J女士：我听到你认为我不信任你，不相信你会兑现你的承诺，是吗？

乐乐：每次你都说那么多，你真的相信我吗？

J女士：你期望我更信任你，你为我不信任你而生气。

乐乐：你老觉得我不乖，我真的已经很乖了。

J女士：所以，刚刚你是因为我不信任你生气，是吗？

乐乐：当然，你啰唆那么多，不就是不相信我会乖乖地只看花，怕我会去湖边玩，怕我会往没人的地方钻，怕我会和同学坐摩天轮，怕我会去爬山、爬墙。

J女士：你的意思是说，如果我能够信任你，你愿意信守你的承诺，是吗？

乐乐：当然，我已经长大了，不是一年级的小学生了，不会像一年级时那样冒冒失失，一年撞头两次了。从那时起，这四年我一直听话，不去危险的地方，什么危险都没有出过。

在这段对话中，我们可以看到，孩子一开始像是要“自主决定去哪里玩”，但是J女士通过再次确认，从女儿那里得到了她希望被“信任”的信息，接着通过再确认，明确了“信任”是此时此刻女儿的需要，母女二人最终达成了一致，解决了沟通问题。

练习

一、下边的句子，哪些是需要，哪些是需要的路径？如果是需要，孩子需要的是什么？

1. 我要吃冰激凌。

2. 我想和同学出去玩。

3. 请你相信我只玩 20 分钟游戏。

4. 我要自己选学校，自己决定自己的未来。

5. 我希望你不要动我房间里的东西。

6. 我希望你不要对我和同学的关系指手画脚，我谈不谈恋爱跟你没关系。

7. 我希望在我生日那天你能够送我一台 iPad 。

8. 我希望你能多爱我一点。

答案

第一句表明在物质基本被满足的当代，孩子的这句话是需要实现的路径。孩子期望通过索要物品来满足自己的被关心 / 被照顾 / 被爱等需要。父母可以通过倾听，帮助孩子发现自己的真实需要，然后一起来寻找实现需要的各种新路径。如果孩子需要的是关心，父母可以承诺平时多陪陪孩子，当孩子感受到足够的关心，他对物质的需求也就会大大降低。当然会有一些父母工作繁忙，无暇陪伴孩子，习惯于用物质满足孩子，那么从现在起，父母双方至少有一方一周至少陪伴孩子八个小时，另一方也尽可能抽出时间多陪陪孩子。如果有的父母平时就把所有关注都放在孩子身上，孩子仍嫌不足，孩子就有可能是精神上的不满足，父母就要在倾听上多下功夫了。

第二句有可能是孩子的需要，也有可能是需要实现的路径。具体要看孩子平时玩耍的时间是否充足。如果孩子平时玩耍的时间很少，甚至没有玩耍的时间，这就是孩子的真实需要，父母要尽可能满足孩子的需要；如果孩子平时玩耍的时间和同龄人差不多，甚至比大部分同龄人还多，这句话就是孩子实现自己需要的路径。孩子期望自己被接纳/信任/理解等需要得到满足。

第三句是需要，孩子的需要是“信任”。一般来说，这时候父母要给予孩子信任，同时也要让孩子知道如果他能够遵守承诺，他就会收获更多的信任，如果他不能遵守承诺，那他的信任值就会因此降低。

第四句是需要，孩子期望自己“自主制定人生规划和实现梦想”被满足。

第五句是需要实现的路径。孩子期望父母给他一个独立不受打扰的空间，以满足他自由/被尊重的需要。

第六句也是需要实现的路径。孩子期望父母满足他“自由”的需要。父母听到这句话不要急于批评孩子早恋，而是帮助孩子寻找实现“自由”之路的其他路径。当然即使是不直接和孩子发生正面冲突，也不能操之过急，父母需要一点耐心帮助孩子从他对自己的期待和梦想中寻实现“自由”的其他可能路径。

第七句也是需要实现的路径，与第一句的目的大致相同。孩子期望通过索要物品来满足自己的被关心/被照顾/被爱等需要。

第八句是需要，不过非常笼统。如果有可能的话，父母要通过亲子沟通中的倾听技巧，将这句话具体化。清晰了解孩子的不满足来自于哪个方面，是感觉被情感忽视、不被理解，还是缺少陪伴……然后，通过孩子需要的满足路径来满足孩子对爱的需求。

二、列举一次你惩罚孩子的事件

1. 你为什么惩罚孩子？

____

2. 你的行为为什么是不合理的？

____

3. 孩子有哪些需要没有得到满足，你有哪些需要没有得到满足？如何满足你和孩子的需要？

三、你写下五件你期望孩子去做的事情

1. 写出你期望他做的原因。

2. 如果你的期待不是出于需要，看一看这些事情是否是值得孩子去做。如果值得，如何做可以满足孩子的需要？

N
o
n violent
Parent-child
Communication

第5章

学会倾听

倾听决定着亲子沟通的效果，父母只有通过积极倾听了解、澄清孩子的想法，才能更好地引导孩子：

- ⊙ 倾听需要使用耳朵、眼睛、大脑等；
- ⊙ 倾听的内容包含对事实的具体描述以及语言背后的情感、观念、需要、渴望；
- ⊙ 父母不仅要倾听孩子，还要倾听自己内心最深处的声音。

倾听决定着亲子沟通的效果，也是有效沟通至关重要的一部分。所谓倾听并非只用耳朵听，它是一个整体沟通过程，包括用耳朵接收孩子所说的原始信息，用眼睛观察孩子的行为、表情，用心感受在沟通过程中你和孩子的情绪和情感，用大脑通过思考了解语言背后你和孩子的内在需要，通过提问并适当地用你自己的语言向孩子反馈你所理解的孩子所说的话的意思。换句话说，倾听就是积极主动地搜寻信息，进行行为和情感回应的双重过程。它包含语言和非语言反应，是亲子之间主动了解、积极思考、澄清问题、建立关系、引导和协助孩子成长的过程。

在倾听之前，你需要明白一件重要的事情——孩子和你的思维模式并不会完全相同，孩子的行为也常常会与你的价值观念不相符，你很容易将和你思维模式不同的想法命名为消极思维模式，将与你价值观念不符合的行为命名为消极行为，所以在倾听的过程中你切忌急于传递自己的信息，包括自己的想法、意见、建议，以及惊讶、厌恶、奇怪、激动或气愤等负面情绪，而是先要给予孩子无条件的尊重和接纳。尝试站在孩子的角度，深入孩子的感受中，观察孩子的言行，注意孩子在叙事时如何表达问题，如何谈论自己及事件，如何对问题做出反应，包括谈话过程中的犹豫停顿、语调变化以及伴随言语出现的各种表情、姿势、动作等，从而对言语做出更完整的判断。通过“噢”“嗯”“是的”“然后呢”等语句，以及点头、目光注视、微笑等非语言对孩子说的话做出积极的反应，这样才有机会更好地了解孩子的想法或者行为的真实含义，而不是盲目地将其当作消极想法或者行为，而大发雷霆甚至进行惩罚。

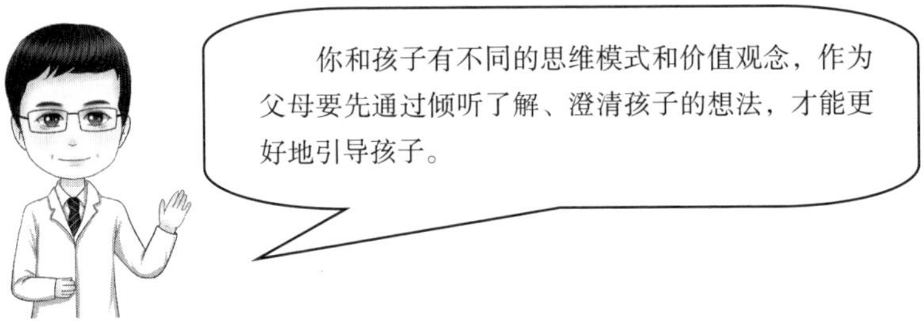

倾听的内容

倾听的内容包含对于事实的具体描述以及语言背后的情感、观念、需要、渴望。例如，一个正处于青春期的孩子对你说“我不想上学”，从表面上看是孩子此时此刻不想去他正在就读的学校及班级。如果你能耐心询问孩子，他也有可能告诉你说他对学习没有兴趣，这时你要是能继续倾听，他还会告诉你他不知道为什么要学习，他感到很迷茫，他不知道自己是什么样的人，自己未来又将走向何方，此时他正处于自我探索的思考中，他需要父母允许他停下来想一想，尝试做自己。同时他也期望父母能够在他艰难的时候陪伴他、支持他、帮助他，做他的引路人而非打击他、批评他、羞辱他、控制他，阻碍他的成长。我们可以看看下面这段对话：

孩子：我不想上学。

父/母：你能告诉我不上学的原因吗？

孩子：学习没意思。

父/母：我不太明白你这句话的意思。

孩子：我不知道学了有什么用。

父/母：你的意思是说你不知道学习有什么用，所以认为学习没有意思，不想去上学。

孩子：我不知道自己上学干什么，对我将来有什么用。

父/母：你心里的真实意思是说期望我们能够帮助你了解自己，支持你成为你期待的那个人。

另外，一些孩子也许会在你的耐心倾听中告诉你，他说这句话的意思是他对自己的老师、同学或环境感到恐惧/厌恶/烦躁等的情绪反应，在你的引导下他会继续告诉你，他认为上学对自己没有意义或者上学是一件令他感觉很受伤害的事情，需要父母帮助自己解决目前在学校里存在的某种困境，渴望在此时得到父母的安慰和关心。这些孩子也许会和父母有如下对话。

孩子：我很烦，我和他们说不来。

父/母：你的意思是说，你越来越不想上学的原因是和同学在沟通上有一些问题。

孩子：他们孤立我。

父/母：你能告诉我，在学校里发生了什么让你感到被孤立吗？

孩子：我没法和其他同学一样，和班上的同学有说有笑，我说话他们经常都不理我。

父/母：你的意思是说，希望我们帮你弄明白为什么和同学说话的时候无法得到同学的积极反应吗？

孩子：我该怎么做啊！

对另一部分孩子来说，这句话包含的含义有可能是他对上学没有兴趣，认为生活中有比上学更有意思的事情，需要离开学校让自己更轻松和愉快，渴望得到父母的支持和帮助。如果父母能够耐心倾听，孩子也许会告诉你他对什么感兴趣、为什么对此感兴趣、在兴趣中收获了什么。父母可以从孩子所说的内容中找到属于孩子的发展途径。

孩子：上学特别没意思，我为什么非得上学？

父/母：你能告诉我们你喜欢做的事情吗？

孩子：最近我打的 ×× 游戏特别帅。

父/母：你能告诉我们为什么你感到这个游戏特别帅吗？

孩子：在游戏里有好多年龄比我还大的都叫我大神。

父/母：你的意思是说你在游戏里获得了尊重。听上去你看重尊重，期望我们帮助你在不同领域都获得尊重。

当然还有的孩子说这句话的意思可能仅仅是这几天我累了，我需要停几天修整一下。

孩子：我太累了，这一段时间每天都只能睡四五个小时，感到太疲惫了，实在是坚持不住了。

父/母：你的意思是说想请一天假休整一下，是吗？

也有的孩子是在学校里遇到了一些让他感到困惑的事情，不知道怎么解决，因而回避上学……

孩子：前天，我们班上有一个同学得罪了外边的一个人，因为我和那个同学在一起，那个人说要找人打我们两个。

父/母：你的意思是期望我们可以帮你解决这个问题，对吧？

倾听的过程

倾听分为听、想和引导三个过程。父母在聆听孩子说话时，一定要先听，收集足够的信息，再根据你收集的信息及孩子的需要引导他，不要急于下结论，以防止干扰孩子的自由表达，让他对你失去信任；也不要忘了思考和引导，防止沟通流于表面。

例如，孩子回家后没有先做作业而是先玩手机游戏。你跟他说："先做作业再打游戏。"他回答："我就要先玩，开心了再写作业。"

这时你可能有两类想法。

一是针对孩子的：他不努力/他是一个懒惰的孩子/他不听话。如果你相信你的想法，你会生气，甚至大发雷霆，而破坏沟通氛围，让沟通无法进行下去。

父 / 母：告诉你多少次了，写完作业再玩，你怎么这么不听话。

孩子：我说了，开心了再写作业！你什么时候能关心一下我的感受。

父 / 母：现在，马上去写作业。

孩子：你让我写，我就写了？

父 / 母：不写就别吃饭。

孩子：不吃就不吃。

二是针对你自己：我不是一个好妈妈 / 我管不住孩子。如果你相信你的想法，你会陷入沮丧之中，无心继续沟通。

父 / 母：先写作业再玩，好不好？

孩子：不好。

父 / 母：你要是好好学习，期末考试结束后带你去迪士尼乐园玩，好不好？

孩子：我再玩会儿。

如果你能在接下来的倾听中发现，是什么需要没有被满足，是什么激活了你的这些负面想法，你可能会产生其他不同的想法。另外，想一想如果没有这些负面想法，那你的情绪和行为会不会不一样，从而使你在面对现在的问题时，能找到的更好应对方式，更容易从孩子那里得到积极的反馈。

父 / 母：你回家后没有遵守先做作业的承诺，而是先玩手机游戏，我有些失望，因为我看重守信。

孩子：我就玩一小会儿，马上就去做作业。

父 / 母：你的意思是说你想先玩 20 分钟手机，然后集中精力写作业，是吗？能告诉我为什么要先玩游戏吗？

孩子：是的，因为同学让我组队打游戏，大家一起玩，同学叫我了，我不好不上去。

父 / 母：你的意思是你很看重同学的友谊。

孩子：他们说了就玩一小会，不会耽误学习。

父 / 母：你期望我能够更灵活地处理你的学习时间？

孩子：也不是，就是最近有点烦。

父 / 母：你可以和我说说发生什么了吗？

倾听的方法

倾听有以下这些常用的方法。

澄清

如上边的例子中，当孩子说过他的想法之后，父母可以从“你的意思是……”“你是说……”“你能澄清……”“你能描述……”“你能说说……”等问句确认孩子的想法。这样的沟通方式有两方面的好处：一方面，可以让孩子更清晰地表达，使他意识到父母愿意和他沟通，而不是只会说教；另一方面，可以帮助孩子做出承诺，不会再无休止地玩下去。

倾听言外之意

1. 注意孩子在说话中使用的“高频词”，这些高频词常常对于说话的人有重要的意义。例如，常常使用“绝对”“肯定”“百分百”等绝对性的词语往往意味着孩子内心不安或者缺乏自信；“没什么特殊的……”“没有什么事”其实是强调自己特殊或者有特殊的事情。

父 / 母：今天在学校怎么样？

孩子：没有什么事。

父/母：今天你在学校里感觉如何？

孩子：没有什么特殊感觉。

父/母：你的意思是说你还没有想好是否和我说说今天在学校里发生的事情吗？

孩子：我不知道怎么说。

父/母：如果你愿意，按你的方式和我聊一聊，可以吗？

孩子：我也不知道怎么了，今天就是不高兴。

2. 发现其中对孩子最重要的部分。例如，孩子在一段时间经常或者在一次谈话中反复提及自己的某位同学，他可能是对这位同学赞赏/厌恶/恐惧，这就需要父母细心询问孩子和这位同学之间发生的事件或情感联结。父母可以说："我听到你最近一直在谈论A同学，你能多说说关于他的事情吗？"

3. 孩子特别反感的事情、词汇、某类人、物品对其也有重要的意义，这些人或事通常与孩子的问题有直接关系。父母可以通过和孩子聊他对于这件事情的感受，帮助孩子发现情绪背后的问题。例如，孩子特别反感上数学课，父母可以问："你不喜欢数学，能和我说说上数学课的感受吗？"

4. 父母还要注意孩子含糊其词或者刻意回避的人或者事情，引导他直接明确地说出来，这样就可以帮助孩子意识到自己的需要和寻找解决问题的方法。例如，父母在亲子沟通中发现孩子很少谈论同学关系，就应意识到这可能是孩子的问题，就此可以和孩子说："你可以谈谈今天你在学校里和同学做什么了吗？"如果孩子说没有什么，父母可以继续问："今天，你在学校有什么可以和我分享的事情吗？"从而一步步引导孩子面对自己的人际问题，并在父母的帮助下开始寻找解决问题的办法。

总结性反馈

如果父母和孩子谈话的时间超过 10 分钟，就需要将每 10 分钟当作沟通的一个阶段做个小结，确认自己正确理解了孩子表达的真实含义。通常可以使用“在你刚讲述的所有事情中，我看到你非常关心的事情是……对吗？”这一句式。

提问

提问是沟通最有效的技巧之一。使用提问可以获得和确认信息，让沟通变成双向的，而不是父母的单向输出。提问分为开放式提问和封闭式提问两种类型。

开放式提问这类问题常常使用“什么”“怎么”“为什么”“如何”“能不能”“愿不愿意”等词来发问，让孩子对有关的问题或事件给予较为详细的问答。这种方法能引起对方话题，更多地让孩子谈论他的问题、想法和情绪反应。

例如，“能不能告诉我，为什么这事让你感到那么生气？”“能告诉我，这件事你是怎样想的吗？”“你能不能告诉我你为什么这么害怕‘脏’？”这种以“能不能……”“能……”开始的问题有助于孩子给出自己独特的回答，以促进孩子的自我分析。这类问题一般都会得到一个较为令人满意的答复，但也可能有的孩子会说“不能”或“现在我还不想说”。父母还可以进一步使用其他开放性问题，如“你不想说这件事是什么原因”来促进沟通。

“那么以后又发生了什么事情？”“当时你有些什么反应？”“还有什么人在场？”这种包括有“什么”在内的疑问句，可以帮助父母找出某些与问题有关的特定的事实信息，如了解什么时间、什么地点、什么人、做什么事、为什么这么做等。

“为什么你觉得这样做不公平？”“为什么你说别人都看不起你？”“你当时为什么那样做？”“你为什么无法在教室里学习了？”与“为什么”有关的问题通常可引出一些对原因的探讨，从而找出孩子对某事所产生的看法、做法、情绪等原因，这可能会得到多种较为具体的解释与回答。

“如果这是真的，会怎么样？”“如果你的病好了，会有什么变化？”“如果你给小A一点帮助，他会如何回应你？”父母可以深入地了解孩子对于自我、他人、环境、未来、疾病的看法，以便更深入地帮助孩子。

孩子：我觉得同学都孤立我。

妈妈：为什么你说同学孤立你？

孩子：昨天她们在一起聊天，我一过去她们就不聊了。

妈妈：你如何确定她们是因为你过去就不聊了？

孩子：她们老这样，每次都这样。

妈妈：你愿不愿意跟妈妈说说最近发生的类似事情。

封闭式提问具体方式多种多样，是指孩子可以使用“是”或者“不是”“有”或者“没有”“对”或者“不对”等来回答父母的问题。这类问题有助于澄清事实，缩小讨论的范围，使会谈能够集中在特定问题上。封闭式提问还可用于父母将谈话引回原来的话题，主要用于对情况的确认。其中常用的有以下几种。

- 两项式，即只有两种答案可供选择的回答方式。例如，“你期望自己做主决定上哪所学校，还是父母帮你选择？”
- 列举式，即在问题后面设计可能存在的答案，由孩子自己列举答案的回答方式。例如，“你们班上都有谁一直欺负你？”
- 选择式，即列出多种答案，由孩子自由选择一项或多项的回答方式。例如：“你认为小A、小B、小C、小D，哪一位或哪几位是你的朋友？”
- 顺序式，即列出若干答案，由孩子给各种答案排列先后顺序的回答方式。例如，“你可以根据你的喜欢程度，对钢琴、绘画、英语、舞蹈四个兴趣班排个序吗？”
- 等级式，即列出不同等级的答案，由孩子根据自己的意见或感受选择答案的回答方式。例如，“我们设定从 1~30，共 30 个等级，紧张程度逐渐加深，你可以把让你感到紧张的程度按照这样的等级列出来。”

需要注意的是，沟通中不能过度使用封闭式提问，否则会使孩子陷入被动，压制他自我表达的愿望和积极性。最好是在先使用开放式提问充分了解了孩子的所思所想之后，再使用少量的封闭式提问确定你的判断。

鼓励与重复语句

鼓励是指在孩子叙述时给予简短的词语反应，如“是这样的”“然后呢”，鼓励孩子继续说下去。有时也会结合点头、目光注视等非言语行为，使孩子感受父母真诚地希望他讲下去。

重复孩子的语句也是倾听技巧之一。父母对孩子前面说的关键语句和词汇给予简短的重复，是鼓励对方继续说下去的一种反应，可以引导孩子的谈话向着父母期望的方向深入探索。

内容反应

父母对孩子所讲的主要内容及想法进行概括性的总结和重述，确认对孩子所讲内容的理解程度，是孩子对自己的问题的再确认，也可以检验父母的假设和判断，向孩子传递关注和理解。父母在简述的时候一般可使用自己的语言，但是关键词一定要使用孩子的词汇。例如，父母在听到孩子感到悲伤的过往后可以说：“听上去你感到很悲伤，你看到我和你爸爸总在吵架，哥哥也只顾自己，你常常感到不知所措，甚至感到自己被抛弃了。”

情感反应

情感反应是指，父母理解孩子在言语及非言语行为中包含的情绪体验，并用简洁的反应表达出对孩子感受的了解。父母通过表述觉察到孩子的情绪来表达对孩子的理解，协助孩子觉察、接纳自己的体验，帮助孩子了解自己不同的感受，控制自己的情绪。

父母首先要倾听并发现孩子使用的情感词汇，观察孩子的非言语反应，选择恰当的词语表达孩子在咨询中或描述的情景中的多种情感反应。一般使用“你感受到……”“你觉得……”等语句对孩子的情绪进行描述。

儿子：我妈就不会改变，她永远不会理解我。

爸爸：你说你妈妈不会改变的时候，你有什么感觉？

儿子：习惯了。

爸爸：当我听到你说你习惯了妈妈的不理解的时候，爸爸因为之前忽视了你而感到难过。

儿子：没事，我早就不难过了。

爸爸：所以，过去当你妈妈因为不理解你而骂你的时候，你会感到很难过。

具体化

有的孩子叙述想法、情感、事件时常模糊不清，甚至矛盾，使问题变得很复杂。父母必须协助孩子清楚、准确地表述他的真正意图、观点、概念、所体验到的情感、所经历的事件等。

父母要能澄清孩子表达的那些模糊不清的事件、想法和问题。父母可以根据孩子的问题采用以下有针对性的对策。

将模糊问题具体化

当孩子用含糊的言语表达其心理问题，如“我倒霉死了”“我感到无望”等时，父母应设法将模糊的情绪、思想清晰化。

孩子：今天我倒霉死了。

父/母：你能告诉我都发生了什么事吗？

孩子：反正就是倒霉。早晨上学骑车太快，撞到隔离墩上了。结果到学校还迟到了，然后发现作业没带，遭到老师批评……反正事情多着呢。我总觉得好事没我份，倒霉事尽让我碰上了。

将过分概括化的问题具体化

孩子常常有以偏概全的思维方式，即将个别事件上升为一般结论，将对某一事件的看法发展成对某人的看法，把过去扩大到现在和未来，如“没有人喜欢我”“我很笨”等。

父母可以使用以下方法进行具体化。例如，“你说没有人喜欢你，是谁对你不好，在哪些事情上对你不好，能举些例子吗？”帮助孩子从中发现只有个别同学喜欢开他的玩笑，有两三次让他有些难堪。此外，他没有知心朋友也让他感到困扰。父母通过具体化分析，可以使孩子发现他苦恼的根源在于过分概括化的思维：一是把个别人扩大到所有的同学；二是把同学开玩笑当成欺负自己，从而影响到自己对同学的看法，对人际关系产生不良评价，进而影响自己的情绪，出现抑郁、不信任等认知偏差。

父/母：你说同学都不喜欢你，你能说说都有谁不喜欢你吗？

孩子：所有人都不喜欢我。

父/母：你是否愿意告诉我，在学校里发生了什么？

孩子：他们每个人都欺负我。

父/母：你能说得更具体一点吗？比如，谁怎么欺负你了。

孩子：今天早上我刚到班上，我后边的那个男生就说“臭死啦”。

父/母：你能告诉我，你是如何确认那个男生在说你。

孩子：他们都不喜欢我，所以总是针对我。

父／母：在你们班上有没有哪怕只有一个同学对你还算可以。

孩子；小梦老和我在一起，不过有同学说她不好，不让我和她在一起。

父／母：我听到你在学校里至少有小梦和你一起玩，还有同学会提醒你如何选择朋友，这两个同学还算喜欢你，是不是？所以，在学校里至少有两个同学不排斥你，是吗？

将概念不清的问题具体化

将概念不清的问题具体化是指父母将孩子所表达的概念进行解释、澄清。同样的一个概念，其含义会因人的不同认知而相去甚远。在概念具体化的过程中父母常用开放式提问："你可以说得更具体点吗？""你能举个例子吗？"也可能根据具体问题使用针对性问题。

例如，孩子声称自己完蛋了。这时父母需要使用以下问题来帮孩子澄清让他真正感到困扰的问题是什么：你目前有什么问题？你的问题持续多长时间？这些问题对你的学习、工作、家庭关系、人际交往、生理健康等有什么影响？你之前已经尝试过什么方法解决，效果如何？

父／母：刚才你说在学校没有意思，你能说得更具体一点吗？

孩子：就是我不知道上学干什么。

父／母：你从什么时候开始认为上学没有意思的？

孩子：从初二开始。

父／母：你能告诉我初二发生了什么变化吗？

孩子：我不知道。

父／母：当你认为上学没有意思的时候，你在学校有什么感觉？

孩子：我感到很沮丧。

父/母：听到你说沮丧，你的意思是说在学校里你感到受挫了？

孩子：我只能考到20几名，老师也不那么关注我了。

父/母：所以，你说你认为上学没有意思的真实意思是说，从初二开始你感到学习有点吃力，开始被老师忽视，你感到很沮丧。

孩子：也许吧。

父/母：如果你愿意，可以和我多谈谈关于你的学习和老师吗？我希望自己能够帮助你解决这些问题。

也有的孩子容易不恰当地使用某些概念。例如，不少青春期的孩子习惯于把成年人的某些言行称为“虚伪”。此时，父母不应直接指责孩子幼稚或没有道理，而是通过具体化来澄清概念。

孩子：我们老师特别虚伪。

父/母：你能告诉我有什么具体表现或者有哪些语言和行为说明老师“虚伪”吗？

孩子：我们老师说对每一位学生都一视同仁，可是她对我们班上考第一名的同学就特别好。

父/母：你认为老师说对每个同学都一样，同时对你们班上第一名的同学好就是“虚伪”。

孩子：不是对第一名的同学好，是格外好。

父/母：你能说一说老师如何对第一名的同学如何格外好吗？

孩子：她很关注第一名同学，什么时候都带着她。

父/母：你认为老师关注班上的第一名同学，就意味着她并没有对每一个同学一视同仁，你把她的这种行为称为“虚伪”，是这样的吗？

将问题的真实度具体化

父母应深入探究、澄清孩子对事件发生的真实反应以及对发生事件的时间、地点、环境等的感受。例如，"你说你感到焦虑，如果以 1~10 分来打分的话，你为你的焦虑打几分？""你能确认这件事是在前天下午四点发生的，是吗？"

观察

父母在认真听孩子说话的同时，还需要对孩子目光的接触与转移、面部表情的变化、身体的姿势和移动，音量、音高、语气、语速和言语的流畅性进行观察。

目光与面部表情

作为父母，你说话时要注意观察孩子的表情和情绪反应，如果孩子的情绪反应强烈，你还要尝试和孩子的情绪保持一致，至少不要反差过大。孩子的目光、动作和面部表情也有重要意义。如果孩子说某些话的时候目光闪烁，可能表示对说的话不太有把握；目光回避可能意味着说谎；你说话的时候，孩子瞳孔微微放大，多数情况下是对你说的话感兴趣或者觉得可以从你这里得到帮助；眼神漂移或向右上方看有可能是孩子在编故事；咬嘴唇、摸耳朵，可能是有些焦虑；鼻孔微微外翻，嘴唇紧抿，有可能是无法控制的愤怒。

身体移动和姿势

孩子见到、听到、说出某人某物某事时有吞咽动作，表示对其有强烈情感的反应，需要父母帮他平复情绪；孩子先突然大声说话，然后再用手猛拍桌子，这是对可怕事情反应的手势时间差，表示孩子正在谈论的事情抱有恐惧的心理，先拍桌子后大声说话才是愤怒。

声音特征

在与孩子沟通的过程中尽量语气温和，语调抑扬顿挫，语音应尽量柔和、坚定，音量和语速与孩子的需要保持相对一致，而不是一味地温和。如果孩子无理取闹，父母却过于温和，会助长孩子的情绪反应。孩子情绪极度低落的时候，父母太过平和常会让孩子认为父母缺乏情感呼应，引发孩子的负面情绪。

引导

面质

当父母发现孩子自身存在言语、情感、观念、行为的矛盾，或有逃避自己的感觉和想法及内在问题，父母通过重复孩子刚才的表达，帮助孩子注意到这些自相矛盾的信息，让孩子有机会认识到自己的思维误区。需要注意的是，面质一定要在良好关系的基础上，以充分接纳孩子为前提，动机必须是积极的，要针对矛盾本身，而不是对孩子做出评判。

- 言语、行为、情绪不一致。例如，“你说你今天在学校里很开心，可你为什么皱着眉。”
- 理想和现实不一致。例如，“一方面，你期望这次考试考个好成绩；另一方面，你每天花大量时间玩手机。”
- 前后言语不一致。例如，“你刚才说喜欢画画，现在你又说不想学画画，我可以问一问为什么吗？”
- 父母与孩子的意见不一致。由于人格特质、生活阅历、思维模式、行为模式、价值观念的差异，父母和孩子的意见经常会不一致，父母可以尝试使用“你认为自己……我有一些不同的看法……你怎么看”来帮助孩子对自己的要求。

孩子：我不想上学。

父 / 母：你能告诉我为什么不想上学吗?

孩子：我觉得我就是一只丑小鸭，变不成白天鹅。

父 / 母：你认为你是丑小鸭，我有一些不同的看法，我认为你不是丑小鸭，也不是白天鹅，你就是你，不知道我这么说你有什么想法？

孩子：可是同学和老师都喜欢学习好的，我怎么努力也考不好，他们都不喜欢我。

父 / 母：你认为同学、老师都不喜欢你，我认为不完全是这样的，前几天你不是说张老师还有小 C 很喜欢你吗？

孩子：可是很多同学都不喜欢我。

父 / 母：你认为只有大部分同学喜欢你，你才是令人喜欢的。我有一些不同的看法，你愿意听一听吗？我认为我们只能满足一部分人的需要。

孩子：如果有人不喜欢我，不是意味着我不讨人喜欢吗？

父 / 母：我认为每个人都是独特的，所以不会所有的人都喜欢我们。另外，你愿意和我讨论一下，关于“只有学习成绩优异才会有人喜欢我”的想法吗？

孩子：老师只会关注那些前几名，像我这样学习中等的学生，老师根本不在意。

父 / 母：我是否可以理解，你表面上是担心不被喜欢，其实真正的愿望是期望被关注。

孩子：可能吧。

父 / 母：你能说说你为什么会期望被关注吗？

孩子：人人都想被关注。

父 / 母：你为什么认为人人都想被关注。

孩子：如果老师和同学不关注我，我就会不高兴。

父 / 母：你被关注的时候是一种什么感觉？

孩子：就是好像我很好，反正很舒服的感觉。

父 / 母：你的意思是说，你期望被关注是因为需要他人确定你足够好。

孩子：是的。

父 / 母：你是否愿意和我一起看看除了被关注，还有没有其他方法可以确定你足够好。

解释

解释是指对刚才孩子说的事情做出一个更有效的定义，给孩子提供一种新的认识其问题和自身的方式。

相较于提高音量让孩子听到，不如倾听他、了解他。而如果你能够全身心倾听孩子，知道如何满足他的需要，就有机会让孩子理解你、满足你的需要。

我们以 J 女士和她女儿乐乐的亲子沟通为例，来了解一下一个完整的倾听过程。

J 女士：今天你在学校里过得怎么样？

乐乐（低头继续吃饭）：就那样。

J 女士：我很想让你和我分享一下自己的感受。

乐乐（带着气嘟囔）：说了也没用。

J 女士（温柔地看着孩子）：你现在如此生气并拒绝和我沟通是认为我无法理解你吗？

乐乐（抬头瞟了妈妈一眼）：你从来就不明白我的想法，总是自以为是、固执己见。

J 女士：你认为我一直都无法理解你的感受和想法。

乐乐（低头）：你知道我在学校里有多难受吗？我被同学孤立，一直感到非常孤独，在学校里没有人能够理解我。昨天，那个“好大一坨”的同学还因为生气把我的桌子都敲坏了。我怕极了，生怕他会冲我来，可是回到家里你还吼我。

J女士：听起来，你因为我没有感受到你在学校里的孤独和恐惧而感到很失望，你非常期待我能够在你需要的时候及时感受到你的情绪，帮助你解决问题。

乐乐（眼眶微湿）：你了解吗？你从来不会知道的，我没做错什么，可是他们就是在我的背后议论我，很少有人愿意和我一起说话，也很少有人会像和其他同学一样和我分享他们的事情。

J女士：我注意到你在学校里感到非常痛苦，你想告诉我你期待能够学会和其他同学分享，让你不再孤独和恐惧。

乐乐：我说过无数遍了，你就是听不懂我说的。

J女士：如果你愿意，可以试试从跟我分享今天在学校发生的事情开始，让我学习理解你、帮助你，可以吗？

乐乐（微微低头）：今天我跟同桌说话，她不理我。

J女士：你对同桌不理你感到沮丧。

乐乐：我不知道她为什么不理我，我对她一直都很好。

J女士：你对同桌不理你这件事感到困惑，我可以帮你做什么？

乐乐：我想知道我是不是做错了什么？

J女士：你是否愿意和我多聊聊你和同桌之间发生的事情？

乐乐：我觉得我同桌性格很好，比较阳光，所以平时我很愿意和她说话。

J女士：你认为你经常和同桌说话就是告诉她你和她已经是朋友了。

乐乐（迷惑的）：我真的很喜欢她，我不想失去这个朋友。

J女士：你问过你同桌她期望如何与你做朋友吗？

乐乐：开始她也挺喜欢和我说话的，但是我不能不学习，就陪她说话啊。

J女士：你认为开始的时候你同桌也是愿意和你交朋友的，只是因为你有的时候拒绝她，让她不愿意和你做朋友了。

乐乐：我也没做错什么。

J女士：我认为你在和同桌关系方面有些困惑。

乐乐：我不知道该怎么做才能让同学们喜欢我。

J女士：让同学们喜欢你对你来说意味着什么？

乐乐：我和其他人一样不孤单。

J女士：你愿意和我一起找一找让你不再孤单的方法吗？

乐乐：我想知道和同学如何相处才是对的。我似乎总是做错。

J女士：你能够找出一些你做“对”的事情吗？

乐乐：上次我给同学讲题，还有一次我帮助同学值日，平时和笑笑说话也挺好的。

J女士：你给同学讲题以后，同学怎么说？

乐乐：同学挺高兴的，还请我吃东西。

J女士；你发现当你帮助同学的时候，同学愿意和你分享。那么你和笑笑是如何保持友谊的？

乐乐：笑笑说我挺好说话的。

J女士：你是否认为笑笑说“挺好说话”是她愿意和你做朋友的主要原因？

乐乐：算是吧。

J女士：你是否认为同学认为你乐于助人、好说话。

乐乐（抬头看着妈妈）：好像听有的同学这么说。

J女士：现在，你是否认同“即使我某一门功课的考试成绩只是中等水平，班上除了笑笑，还有同学也喜欢我”。

乐乐：是的。

J女士：现在你的感觉如何？

乐乐：我感觉好多了，也许在学校里我是有一些朋友的。

J女士：妈妈愿意一直帮助你学习如何和你的老师及同龄人相处。你是否愿意多和妈妈分享一些你在学校里的感受和想法呢？

乐乐：好的。

倾听你自己

在亲子沟通中，倾听不仅意味着父母全身心地投入去听孩子的所思所想，还意味着父母对自己的内心世界有着同样的关注。倾听孩子的前提是你能够倾听你自己。相当多的父母对孩子的不理解源于对自己潜藏在内心深处呼喊的压抑。

在亲子沟通中，父母们往往不会注意到这些事情。

当孩子执意要按他自己的想法做事情的时候，父母心里想“烦死了，这孩子怎么这么不听话呢”。父母会因此感到烦躁，也许还会出现胸闷、胃部不适、头疼等生理症状，进而对孩子不满，乃至发脾气。或者当天气变化，孩子感冒发烧，看着烧得迷迷糊糊的孩子，父母也许会想“我不是一个好妈妈 / 爸爸”或者“这孩子怎么这么不小心”，从而感到焦躁不安、心烦意乱，无法冷静地思考如何处理孩子的状况。

我们很难意识到，我们自己对诸如“孩子不听话”“我不是好妈妈”“我的孩子很莽撞”“我管不住孩子”这些内心消极的自我对话有着高度的敏感，它们对我们而言就是一种暗示，会引起各种负面情绪，也容易引发亲子沟通中的冲突。

当父母在亲子沟通中感觉沮丧的时候，可以关注一下自己心底是否潜藏着隐秘的对支持的需要，愤怒时是否有理解、关注的需要没有得到满足。所以，在和孩子沟通之前父母还需要停下来放松一下，倾听自己内心的声音，而不是别人的意见和期望，明了是什么需要导致了自己的负面想法，产生愤怒、沮丧、失望、迷茫、气馁等各种负面情绪。当父母在亲子沟通中总是被不知道从哪里来、到哪里去的情绪所困扰的时候，不要急于分析孩子的问题，先问自己有哪些未被满足的需要。父母忽视自己的内在需要，就会对孩子苛刻。我的一位来访者的妈妈是一位对自己要求非常严格的职业女性，对工作和家人都极其认真负责，在她的内心中几乎不会想到为自己做些什么。所以，她在不知不觉中对自己孩子也以高标准、追求完美来要求，当孩子不能达到她的要求时，她会感到非常焦虑和不安。

停一停，想一想

下面两段亲子沟通有什么不同？

早上到了上学时间孩子仍然待在房间里不出门，对父母说自己如果去上学就会心慌，妈妈感到不安，询问孩子："为什么你不去呢？你在学校里遭受了挫折，觉得自己没有受到应有的尊重，还是担心老师会因为你没有达到老师的要求而不喜欢你？"

或者体察自己的不安，然后对孩子说："在听到你说不想上学的时候，我感到失望，因为我期待你能够接受良好的教育。"

前者是父母在亲子沟通中使用较多的方法，看上去对孩子很好，但是由于忽视了亲子双方的内在需要，经常会遭到孩子的反弹。而后者看似从妈妈的角度出发，却因为妈妈从内在需要出发先处理好自己的情绪，再试着去和孩子沟通，更容易引出孩子沟通的兴趣。

所以，在亲子沟通之前要先专注于情绪对自己说什么，不要急着改变它，先把负面想法记下来，可以将这个负面想法停一停，看一看这些想法让你产生什么感受，跟随自己的内心问自己"我对这件事是怎么想的""我的想法从哪里来""什么让我如此担心"。接着问自己："我真的要这么做吗？这是我自己的想法还是他人的期待？五年之后我的想法是否会有所不同？”从中发现原始的情感和内心声音之间的差别，给自己留出一些反应的时间。

当你发现这个想法来自你周围的人而非你自己时，你可以这样问自己：“我相信这些想法吗？相信这些想法对我有什么好处？”“从此时正在发生的、这件我认为很糟糕的事情上，我会有什么收获”“我可以为这件事做些什么”，观察当自己用前面的方法思考的时候，自己的感觉发生了什么变化，用这种方法把自己和消极想法分开。

停一停，想一想

以下哪些是造成自己紧张、忧虑、沮丧、愤怒等情绪的事件？

□失眠 □开车 □孩子不写作业 □老师打来电话 □与配偶的冲突 □消化道不适 □做家务 □孩子乱丢脏衣服 □孩子生病 □其他

那时你想什么，在下面写出你头脑中出现的想法。

哪些想法是你对孩子、配偶、他人及环境的评判？

这些想法背后的感受和需要是什么？

我具体做些什么可以达成我的需要？

然后，把自己当作另外一个人，观察自己如何自我对话，在整个自我对话过程中自己的感受、身体反应如何。试一试，你是否能意识到当自己感到生气、悲伤、沮丧的时候，会给自己带来一种身体紧缩的感觉，意识到你现在的想法正让自己偏离内在的需要。

倾听自己，了解成长经历中形成的错误自我认知，而这些错误认知不仅限制了自我发展，也会对亲子沟通形成负面影响。当一个妈妈认为自己是弱小的，就会对孩子的不顺从过于敏感，容易将其命名为“不听话”。当一个爸爸认为自己是不被他人接纳的，就会对孩子任何推脱都极端地排斥，在沟通中情绪失控。

最后，试着改变你的想法。如果你可以改变想法，你就会改变情绪感受；如果你可以改变你的情绪感受，在面对孩子时，你也就会有不同的行为。

停一停，想一想

对自己错误的认知是什么？

____

____

这些错误认知是如何影响亲子沟通的？

____

____

你自己的内在冲突是什么？

____

____

通过非暴力沟通，我可以形成什么样的新的自我认知，改写我的自我对话：

____

____

你体会到了何种内在环境？你如何培育新的积极的内在环境？

____

____

为了构建新的认知，我可以如何想、如何做？

____

____

如何以开放的心态去聆听孩子的感受和需要？

____

____

对处于痛苦中的孩子如何回应？

____

____

对于改善孩子的情绪，我应该采取什么行动？

____

____

J女士本来打算让丈夫带孩子去超市买一些东西，孩子也答应了父母的要求，谁知在临出门时，孩子突然变卦，拒绝跟爸爸出门，跑回自己房间还锁上了房门。J女士非常恼怒，当时就想发火。但是她想起了亲子沟通课程中学到的技巧，努力深呼吸让自己放松一下，有意识地让自己停一停，想一想。于是，她在客厅沙发上坐下来，拿了一张纸写下自己的想法：

- 孩子真不听话。
- 因为我认为孩子出尔反尔，不把我当回事，没有尊重我。
- 我有这样的想法是因为我担心孩子欺负我。
- 我认为孩子会欺负我，是因为我认为自己软弱可欺。

- 我担心自己成为一个连自己孩子都可以欺负的可怜虫。
- 相信这些想法，可以让我随时保持警惕，保护自己。
- 这些想法并非来自我自己，它们来自过去周围一些人对我的负面评价。
- 是想法而非我自己导致了愤怒。
- 今天的事情让我意识到在孩子的教育中我和丈夫犯了一些错误，我可以和孩子谈谈，看看她到底是怎么想的，如果需要，我还可以让孩子的爸爸也和孩子谈谈。
- 现在发生冲突，可以让我和丈夫更早改变教育孩子的方法。

在纸上写下这些句子之后，J女士感觉到那些似乎涌向头顶的血液缓缓地回落下来，肩膀和脖子后边的紧绷感也好了很多。接着在纸上写道：

- 我需要得到尊重。
- 我需要孩子的亲近而不是疏离。
- 我需要和孩子情感相通。
- 如果我好好和孩子谈谈，有可能满足自己的需要，而直接发火就没有机会满足自己的需要。

J女士再次深吸一口气，阅读自己刚刚写下的句子，感受自己身体和情绪的变化，当她感到自己的情绪基本稳定下来之后，轻轻地敲响了孩子的房门。

孩子听到妈妈叫门的声音，停了一会儿，乐乐打开了房门。面对妈妈、孩子的情绪仍然非常激动，J女士并没有指责孩子莫名其妙地发脾气，而是拉着孩子坐下来耐心询问。经过半个小时的谈话，她了解到孩子是因为爸爸之前对她学习的指责而感到不满，一直克制没有发作，当爸爸叫她去超市时，爸爸语气有点生硬，彻底把她的情绪激发出来了，才有了之前看上去似乎没有理由的亲子冲突。母女二人的沟通非常顺畅，两个人的感觉都很好。J女士感到了孩子的亲近和情感相通，也确信孩子是尊重自己的，这让她感到非常愉快。之后，J女士、孩子的爸爸和孩子三个人又沟通了一次，三个人都承诺改善自己的沟通。

练习

一、在以下一些情景中，你会听到自己内心有什么声音吗？哪些需要没有得到满足？你会如何倾听孩子？

1. 孩子早上很难叫起来。
2. 孩子跟你说他在学校被欺负了。
3. 孩子的房间里的脏衣服扔得东一件西一件。
4. 孩子考试没有达到你的期望。
5. 孩子晚上不按时睡觉。
6. 你认为孩子没有缘由地在家里大吵大嚷。
7. 孩子连续打游戏超过两个小时。
8. 孩子已经一周没有正常上学，今天仍然拒绝上学。
9. 孩子回家以后没有写作业，而且在你劝说他写作业的时候还和你发生争执。
10. 孩子嘲笑你什么都不懂。

二、试试下边的句子可否使用更具有创造性的说法。

1. 我学得太累了。
2. 我们班上的同学都不喜欢我。
3. 我的手太笨了，什么也做不好。
4. 我活得还不如一只流浪狗。
5. 你和我爸把我当成投资产品。
6. 你们从来不关心我，你们是我的父母是我这辈子最大的悲哀。
7. 你对我好过吗？我最需要安慰的时候你在哪儿？
8. 你根本不懂我们小孩是怎么想的。
9. 我就是不想上学。
10. 我本来应该考得更好的。

练习一答案

每个人在同一件事上的内在需要有很大不同，你可以在下面写下属于你的内在需要，只要是有效的，你都可以用在以后的亲子沟通中。如果你写的内容在沟通中无效，重新阅读前几章，并重新感受自己的内在需要。

1.____________________
2.____________________
3.____________________
4.____________________
5.____________________
6.____________________
7.____________________
8.____________________
9.____________________
10.____________________

练习二答案

1. 你希望找到一种让学习更轻松一些的方法。
2. 你期待班上同学对你更友好一些。
3. 你想让自己的手工更好一点。
4. 你希望自己获得更多的尊重。
5. 你认为我和你的父亲对你提出了过高的要求而忽视了你的情感需求。
6. 你认为我和你的父亲没有关注你的情绪、情感。
7. 你期待我对你的情感需求更敏感一些，以便及时为你提供情感支持。
8. 你希望我更多了解一些小孩子的情感世界。
9. 你认为上学对你来说有点难。
10. 你想让自己显得更优秀一些。

N
o
n violent
Parent-child
Communication

第6章

建立明确的目标

父母对孩子都有美好的期望，要让孩子成为最好的自己，父母要帮助他从建立目标开始：

- ⊙ 开始之前要建立明确目标；
- ⊙ 和孩子一起确定亲子目标；
- ⊙ 你的想法和行为要服务于你的目标；
- ⊙ 鼓励孩子自主做出选择；
- ⊙ 对孩子愿意和我们一起制定目标做出改变的言行要心存感激。

你想成为什么样的父母？你的生命意义和目标是什么？你对孩子的期望是什么？

在飞速发展的今天，内心有上述的想法至关重要，我们可以把它看作灯塔或者指南针，帮助父母成为“足够好的父母”，让家成为孩子那个永远最安宁、温暖的港湾。厘清如何让孩子成为最好的自己，而不偏离本应属于他的人生，才能帮助孩子带着安全感起航。

确定你对孩子的期待

在瞬息万变的时代，父母似乎永远在追逐“更好”，以至于让不少孩子感到“我永远不能让爸爸妈妈满意”，这会严重地挫伤孩子的自尊心和自信心，而且一直处在高应激状态下，也会让孩子感到自己时刻处于无法承受的压力之中。高压状态会导致孩子出现各种情绪和身心反应，激发亲子间冲突。另外，这种不断追逐“更好”的状态，很容易让孩子因为感觉被动、被束缚，而感到生活失控、不安全和迷茫。

所以，在养育孩子的过程中父母要明确成为什么样的父母，可以满足属于自己的独特的内在需要，帮助孩子满足他真实的需要，成为最好的自己。

每位父母对孩子的品质都有不同的期待，在不同的期待下，对孩子的个人品质也会有不同的要求。当下大多数父母比较推崇的品质有努力、诚信、耐心、责任感、自信、专注。但每个父母和孩子都是独特的，你并不需要按照他人的喜好塑造自己和自己的孩子。最好的父母和最好的孩子都是独特的，你可以使用表 6–1 中列出的品质命名你期待孩子所具有的品质，也可以自己去发现和命名属于你孩子的独特的品质。

没有人能够具备所有的良好品质，甚至有些品质也是无法在同一个人身上共存的。父母在选择的过程中不要想他人如何，而是想如果我具有这个品质是否可以满足我的内心需要，孩子具备这个品质是否能够满足他的内心需要。然后选出对你、对孩子来说最重要的五种品质，这些品质是满足独特的你和你的孩子的需要，让你和你的孩子的生命更加富有生命力、更加阳光，而并非让你或孩子看上去更光鲜、更能获取他人的赞美和羡慕。

表 6–1　　常见的与良好品质相关的词汇

个人具备的良好品质
自制、勤奋、勤劳、坚持、善于思考、专注、好学、积极向上、有效率、聪明、智慧、缜密、自信、计划性、创造力、观察力、认真、细致、诚实、善良、友爱、真诚、忠诚、谨慎、谦逊、敦厚、仗义、宽容、感恩、节俭、敢于认错、沟通力、乐天、热情、乐于助人、爱心、负责、勇于承担、直爽、坚韧、开朗、有同情心、理智、沉稳、冷静、诚实、守信、知礼、幽默、忠厚、正直、重义气、大度、温和、坦荡、无私、大度、淡泊、孝顺、求知欲、适应力、善于表达、行动力、乐观、豁达、镇定、从容、守时、同理心、尊重他人、逻辑、礼貌、情绪稳定、善于分享、自尊、自立、勇敢、进取、乐于合作、自省、热爱生命、有趣、自觉、善于沟通、良好的生活习惯、自由、健康、快乐

停一停，想一想

根据你对孩子的了解和对他的期望，列举出你期待孩子具有的五种品质。

1.______________________________

2.______________________________

3.______________________________

4.______________________________

5.______________________________

是什么让你最看重孩子具有这些品质？拥有这些品质可以满足孩子的哪些需要？

1.______________________________

2.______________________________

3.______________________________

4.______________________________

5.______________________________

你的孩子认可你的想法吗？关于他所具有的个人品质，他有哪些自己的想法？

____

____

目前，你的孩子所具备的最重要的五种品质是什么？

1.____

2.____

3.____

4.____

5.____

孩子现有的重要品质有哪些是你看重的、哪些不是，为什么？

你所看重的____

你不看重的____

为了达成你所期待的孩子的品质，你需要具备哪些品质？

1.____

2.____

3.____

4.____

5.____

如果你不具备你所期待的品质，你想如何达到这些品质？

____

____

你期望和孩子保持何种关系，以帮助你和孩子的成长？

1.____

2.____

3.____

4.____

5.____

在过去你和孩子一起度过的时光里，有时你做得很好，有时又让孩子受伤，把那些过去你做得很好的列出来，可以作为你内在的资源，丰富你生命的体验，帮助你建立和孩子有效沟通的自信。

在你过去的亲子活动中，有哪些行为是符合你的目标的？

1.____________________

2.____________________

3.____________________

4.____________________

5.____________________

在亲子沟通中，孩子有哪些需要经常得不到满足？

1.____________________

2.____________________

3.____________________

4.____________________

5.____________________

在亲子活动中，你有哪些需要经常得不到满足？

1.____________________

2.____________________

3.____________________

4.____________________

5.____________________

为了达到你的目标，你和孩子需要做些什么？

1.____________________

2.____________________

3.____________________

4.____________________

5.____________________

包括孩子在内的全家人可以一起讨论，哪些目标是你们想要达成的，探讨为了实现这些目标你们可以做些什么。每个家庭成员的目标汇聚在一起，以孩子的核心特质为中心，确定你们共同的目标，并在之后的时间里一起采取积极行动来实现这些目标。

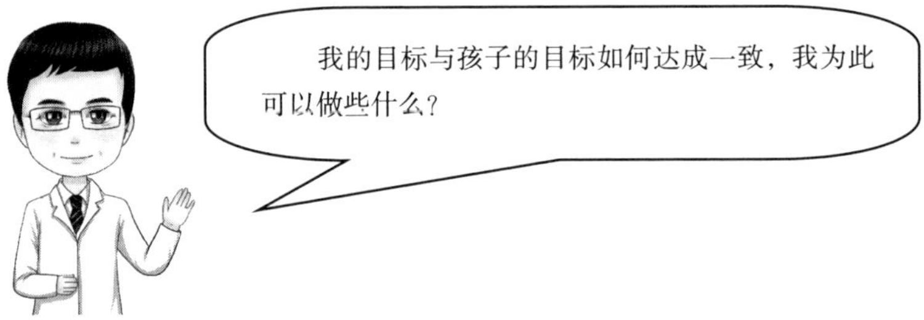

J女士和丈夫认为，孩子需要具备的重要品质是努力、责任感、自信、行动力、情绪稳定性，乐乐目前所具备的品质是良好的生活习惯、做事有计划、良好的观察力。

乐乐期待自己要具有的重要品质是自信、快乐、健康、自由自在、良好的生活习惯、做事有计划、富有爱心。目前具有的品质是健康、良好的生活习惯、做事有计划、富有爱心。

我们可以看出，亲子双方对重要品质的想法有着重大差异。但这种差异并非不可调和。

所以一家人进行了如下沟通。

J女士：乐乐，我觉得一个人获得幸福需要自己的不断努力、相信自己，做事情想到就要做到，不要只想不做，也不要动不动发脾气。所以，我认为努力、责任感、自信、行动力、情绪稳定性这些品质是最重要的。当然你能够把自己的房间整理得井井有条，做事情先做计划，善于观察也都是很好的品质，爸爸妈妈也非常喜欢。

乐乐：你们说的这些很重要，不过我认为快乐也很重要。还有能够按照自己的想法做事情才会快乐，心情才会好。你们不是期望我少发脾气吗？

J女士：我们都认为自信是重要品质，乐乐你也这样认为，是吗？

乐乐：当然，如果我自信就会快一点做事情，你们就不会老是骂我了。

J女士丈夫：你的意思是说，如果你相信自己，你做事情就会更有效率，你就会更有行动力。也就是说，你认为自己并不缺乏行动力，缺乏的是自信心。

乐乐：是的，我认为自信对我而言就意味着行动力和努力。如果我能够像其他同学一样自信，我就会更积极地做事。就像有时我早上不想起床，是因为担心自己在学校里不开心，就如那次在课堂上被老师提问时，我的回答无法让老师满意，我心里特别难受。

J女士：好的，我们记下"自信"，划掉"努力"和"行动力"，因为我相信对你而言自信就意味着努力和行动力。

J女士丈夫：我认为快乐和健康也很重要，也可以先记下来。

乐乐：还有自由自在。

J女士：我想知道对你而言，自由自在意味着什么？

乐乐：我自己起床，自己整理书包，自己决定什么时候玩、什么时候写作业，自己决定上什么课外班，或者不上什么课外班。我考试考不好，你们也不会不分青红皂白地骂我。

J女士：很高兴你能为自己负责，我注意到你的"自由自在"和"责任"是连在一起的，是吗？我们可以把"自由"和"责任感"也先记下来吗？

乐乐：好的。

J女士丈夫：我们现在都认可的重要品质有自信、快乐、健康、自由和责任感，这样可以吗？

乐乐：还有富有爱心，我对爸爸妈妈、对同学、对老师都特别好。家人、同学、老师都喜欢我。而且如果妈妈不骂我，我也会因为爱妈妈而尊重妈妈的。

J女士：好的，很高兴听到你说你尊重我。我们一起记下来我们共同期待你所应该具有的最重要的品质——自信、快乐、健康、自由、责任感和富有爱心。现在有六个重要品质，我们知道这些都很重要，那么能不能看一看有没有一项品质是其他五项品质可以带来，不用单独列出来的。

乐乐：责任是你们一定要的，其他我认为都很重要。

J女士：如果你自信、健康、快乐、富有爱心、有责任感了，你是否就感到自由了。

乐乐：我觉得如果我自信、健康、快乐、有爱心和自由了，我就一定会有责任感。

J女士丈夫：或者你自信、健康、有爱心、自由、负责任了，就会快乐？

乐乐：听上去还不错，我同意爸爸的说法。

接下来，J女士和丈夫写下了自己期待和孩子的关系：爱、包容、信任、理解、相互支持。在过去陪伴孩子的过程中，体现爱的行为包括花时间陪伴孩子，尤其是在孩子小的时候花了很多时间和孩子一起做游戏，现在每年都会带孩子去孩子喜欢的地方旅游；给孩子尽量好的衣食住行条件；上亲子课程学习如何更好地和孩子沟通。

但是为了让孩子将来具备自信、健康、快乐、有爱心和自由这些品质，还需要在包容、信任、理解、支持方面进行更多的实践。所以，夫妇两个对自己承诺，未来要在和孩子沟通中认真倾听，更好地理解孩子，包容她的不完美，引导和支持孩子向共同制定的目标发展。

让你的想法和行为服务于你的目标

当你、你的配偶和孩子确定了你们需要达成的目标之后，就要一起不断养成新的习惯，创建新的问题解决模式，帮助孩子学习和成长。这个过程并不会因为你养育过其他孩子就可以沿用过去的经验，要记住每个孩子都是独特的，你要帮助孩子实现的是独属于他、满足他内在需要的目标。

要达成父母与孩子的共同目标，首先需要父母意识到自己的很多想法离育儿目标很远，甚至背道而驰。如果不改变自己的想法，对待孩子的态度就会出问题，接下来就会使用错误的语言。J女士告诉我，她过去总是冲女儿发火的一个重要原因是她那时认为自己正在被孩子欺负，当她这么想的时候，女儿的一切言行都变得可憎。当J女士明白孩子“不听话”是因为孩子的需要没有在沟通中得到满足时，她就能与孩子在内心上产生一定程度的内在联结，孩子的言行也变得更容易被理解。再遇到孩子“不听话”“磨蹭”这些她之前深恶痛绝的言行时，她不再立刻劈头盖脸一顿骂，而是先想“乐乐现在需要我帮助她满足何种需要，这个需要是否与我们共同制定的品质目标一致”。这样，母女冲突就会大大减少，一家人的感受都舒服了许多。随着时间的推移，乐乐的言行所体现出来的品质也就会与父母的需求越来越近。

如果一个人认为他的孩子是不可信任的，那孩子的任何言行在他的眼里就都是可疑的，于是他就会限制孩子的行为，而孩子的内心也会烙刻下“我是不被信任”的印记，他就可能为了避免惩罚而隐藏行为，做事变得畏首畏尾，从而更加远离父母所期待的“信任”这一目标；如果父母相信孩子是诚实的、有能力的，就会放手让孩子自己做更多的事情，孩子就会因为满足了信任的需要，离“信任”这个目标越来越近，也更愿意和父母分享他们的故事和思想，能够更有勇气面对外边的世界。

当你把自己和孩子的关系定性为“我说什么他都不会听的时候”，你会认为自己“被尊重”“被爱”“被接纳”“被理解”的需要被忽视了，你所感受到的亲子关系就是破裂的，这时你同样会忽视孩子的需要，忘掉你们的目标，用批判的眼光看待孩子；当你把和孩子的关系定性为“他有一些我还没有关注到的需要没有被满足”，你会通过细节去觉察孩子未被满足的需要是什么，并尝试和孩子合作，回到你们共同的目标上来，同时引导孩子把自己实现目标的好主意分享给你，和你一起去解决问题。尽管与孩子的合作有时也会是一种冒险，孩子的想法常常是天马行空的，而且他们也并非完全合作，有时还会调皮捣蛋，甚至还会有一些破坏性的想法，但孩子比成年人更加开放且愿意互动，合作中的价值远远大于风险，只要你的想法与目标保持一致，你在亲子沟通中一定会找到通往目标的道路。

当你认为“电子游戏”“名牌运动鞋”“漂亮的衣服”“超过需要的零用钱”是孩子的需要，你也会远离亲子目标，自己因为需要未被满足而导致的愤怒、忧虑和沮丧会被“孩子不合理的要求”激发；如果你意识到所有的这一切都是孩子满足需要的策略，你会想到“我的孩子爱的需要、美的需要、尊重的需要、理解的需要、关心的需要……哪一个或者哪几个需要没有得到满足”，你就不会急于否定孩子，而是愿意引导孩子从一些简单的事情谈谈，比如讨论一下下午一起去哪里玩，或者是策划一顿有趣的晚餐，从中确认孩子期望被满足的需要是什么，与沟通目标有无关系，你是否可以引导孩子回到目标上来。

父母是孩子的第一任老师，也是对孩子影响最深刻的人。父母的一言一行都深深影响着孩子成长的每一步。如果你期待孩子成长与你自己的目标一致，就要在和孩子沟通中努力让自己的想法和与孩子共同建立的目标保持一致，建构让每个人都变得更富有生命力的家庭生活。

我们再回到J女士和女儿的案例中，看一看如何让沟通和目标保持一致。

J女士：乐乐，上课要好好听讲。

乐乐：我也不想睡觉，可是我困死了。

J女士：如果你愿意，我们可以谈谈如何更合理地安排你的时间。

乐乐：你应该知道我晚上没睡好，快困死了，我不想谈。

J女士：我听到你昨天没睡好，你能告诉我是什么原因吗?

不要急于达到你的谈话目标，先要通过对孩子说的内容进行反馈，并与孩子共情，使孩子愿意与父母沟通。

乐乐：我感到有点烦。

J女士：你愿意和妈妈谈谈你烦什么吗？

乐乐：马上就要考试了，我怕考不好，老师会失望的。

J女士：我听到你害怕因为考不好让老师失望而烦躁，我感到欣慰，也很心疼你。

对孩子说的话进行内容反馈和情感反馈，以拉近彼此间的距离。

乐乐：我总会想到你说我不努力、笨、磨蹭、没有效率。

J女士：你有时会想到我说的话，担心自己会做不好，因此你期望我能够用一些方法帮你实现自信的目标。我们可以谈一谈如何做才能让你更有自信。

谈论亲子目标。

乐乐：你不要看见我就乱发脾气。

J女士：你的意思是说我要注意到你的优点，即使批评你也要更有针对性，不要不顾事实随意指责。

乐乐：就像那天我晚起来一小会，你就说我是白眼狼，根本没有想过我为什么起不来，也没想过平时我帮你做了多少家务。

J女士：妈妈现在注意到你愿意和妈妈一起做家务，让妈妈看到乐乐是一个有爱心、负责任的好孩子，我感到很欣慰，因为我很看重亲情和责任，我也期望以后能跟你有更多良好的沟通，让我们更加心意相通。

引导孩子再次注意亲子目标。

乐乐：其实，我也不是不想谈，就是每次你都不能理解我，让我很失望。

J女士：我听到了你很看重理解。妈妈愿意和乐乐一起学习如何在沟通中更好地相互理解，可以吗？

乐乐：我担心考不好是因为我经常听不懂数学老师说的一些东西，还有我写作业总是比同学慢一些，害怕考试的时候写不完卷子。我觉得自己太笨了。

J女士：你愿意听一听妈妈的想法吗？

乐乐：愿意。

J女士：妈妈想问你，为什么你觉得考不好老师会失望？

乐乐：老师对我特别好，我不想让她失望。

J女士：你认为自己的语文、英语可以考好吗？

乐乐：我当然认为语文、英语可以考好。

J女士：你认为一部分数学课程的内容你学习起来有些吃力，那你期望如何提升这部分内容的学习效果呢？

乐乐：我不知道，我认为自己太笨了，根本学不会。

J女士：我注意到你补课之后，这学期的数学成绩提高了不少，以前做作业时完全做不出来的题也从每天都有到现在的一星期只有一两题。

帮助孩子关注积极事件，增强自信。

乐乐：可是我同桌就什么题都会做，语文、英语还都比我好。

J女士：妈妈相信有些同学确实成绩很优秀，让你感到学业压力很大。你期望自己和他们一样优秀，你想和妈妈说说为什么吗？

乐乐：每个人都想超过所有的人，不是吗？

J女士：每个人都想做到最好，妈妈想知道你是如何看待超越他人的，是在所有方面都超越他人，还是你更想在某一方面有所超越？

乐乐：我不知道。

J女士：前几天我们确认了我们家的亲子目标是"自信、健康、有爱心、自由、负责任"。乐乐是否认为自己在健康、爱心、负责任方面做得很好呢？

乐乐：可是你自己经常说，上大学也不考这些。

J女士：现在我们上了亲子沟通课程，妈妈愿意和你讨论如何发挥你的特长，而不是仅仅关注你的短板。妈妈愿意和你一起找到让你实现亲子目标、成为最好的你，而不是最好的孩子的方法。

再次确认目标，表达愿意和孩子一起实现目标的愿望。

停一停，想一想

你对孩子的哪些想法是符合你的目标的？

你对孩子的哪些想法是不符合目标的？

对于不符合目标的想法，你打算如何改变？

新的想法是什么？

通过沟通让你迈向目标

当你意识到你对孩子的想法中，还有不少不符合目标的想法的时候不要着急，倾听可以帮助你更好地理解孩子，接近孩子真实的想法。当你看到孩子又把房间搞得一团糟，也许你会想："这个邋遢鬼"。即使这看上去就是活生生的事实，你也不要急着去批评孩子，眼见并不一定为实，停一下、问一问孩子有没有其他解释，很可能你会获得之前被你忽视的信息。

当然，在沟通之前，你要先告诉自己不要从孩子所谓的错误开始，而是从孩子的需要开始，用更加包容的、开放的态度聆听你所不知道的属于孩子的真实心声。还要注意不要带着不应该让孩子承受的情绪和孩子沟通。如果你刚刚经历了一天筋疲力尽的工作，正处于沮丧、烦躁之中，你要把孩子的事情放在一边，先想办法缓解自己的情绪，比如找家人、朋友倾诉以平复自己的情绪，或者听音乐、沐浴、做瑜伽、参加兴趣活动等，让你的心情平静下来。

你还可以使用父母的选择和被选择清单（详见表 6–2）来发现自己不合理的想法，帮助调整自己对孩子的认知和感受。

表 6–2　　父母的选择和被选择清单示例

选择清单	被选择清单
社交活动	生育一个孩子
做什么饭	早起为孩子做饭
晚上睡觉时间	辅导孩子功课
购物	操心孩子的起居

只有当你感到可以平静面对孩子的时候，你才可以找孩子就他刚才的问题进行沟通。这样你在沟通时才能够聚焦于你和孩子的感受和需要，而不是评判或下命令，你才有可能心平气和地跟孩子说："今天我看到你的房间的情况以后，感到有些烦躁，因为我看重整洁"。孩子也许会告诉你，这样的房间才让他感到舒服，可以让他感到所有物品触手可及。你可以和孩子共情："这样的房间确实能让你感到自在，满足了你自主选择的需要。"当孩子意识到你愿意听一听他内心的想法，愿意将他作为一个独立的个体予以尊重时，他就会愿意继续与你沟通，愿意和你一起寻找满足他需要的路径。最后，你期待他成为一个爱整洁的孩子的目标才更有可能实现。

有的时候，为了和孩子建立更为持久的良好沟通渠道、更直观地了解孩子，你可以试一试和孩子使用孩子的选择和被选择清单（详见表6–3），从中了解孩子有哪些认知问题，通过非暴力沟通帮助孩子修正想法，实现自己的目标。

表6–3　孩子的选择和被选择清单示例

选择清单	被选择清单
穿什么衣服	学习
和谁交朋友	什么时候玩耍
如何使用零花钱	上什么课外班
吃什么东西	什么时候睡觉
如何度假	去哪里玩

父/母：我看到你在被选择清单中列出了学习、什么时候玩耍、上什么课外班、什么时候睡觉、去哪里玩，如果你愿意，我们可以谈一谈你的被选择清单吗？

孩子：这些都是你们让我做的，没什么好谈的。

父/母：我感到你有些生气，能谈谈为什么有这个情绪吗？

孩子：你们总是要求我做这个、做那个，我一点自由都没有。

父/母：你认为我们没有满足你的自由的需要。你愿意谈谈你关于自由的想法吗？

孩子：起码我可以自己决定去哪里玩，我的朋友都是想去哪里玩和父母说一声就可以了。

父/母：你期待我们能够允许你自主决定去哪里玩。

孩子：不仅仅是这样，反正我不想让你管太多。

父/母：当听到你说不想让我管太多的时候，我感到有些沮丧，因为我认为被你误解了，我挺看重相互之间的理解的。

孩子：可是你就是不理解我。

父/母：如果你愿意，我们就以“自己决定去哪里玩”为例谈一谈我如何才能更理解你，好吗？

孩子：你们总觉得我太小了，出去玩会有危险、会乱吃东西、会乱花钱，会做各种你们不允许的事情。可是我都这么大了，根本不会像你们想象的那样不可靠。

父/母：听上去你认为我不信任你，除了自由，你还期待被认可、被信任，是吗？

孩子：当然，你一点也不相信我。

父/母：如果你愿意，我们可以谈谈我们该如何建立相互间的信任，来让你获得更多的自由。

鼓励孩子自主做出选择

要知道随着孩子的成长，他们必须慢慢从婴儿时代对母亲的无限依赖所获得的安全性依恋中，发展出越来越多的自主性。因此，父母应该把“应该”“必须”等要求变成“你想要……”“我建议”，促使孩子从自主的选择中逐渐探索外部世界，学会和他人交往，不断增加自己的创造力和决策力，走向成熟。

如果孩子在成年以前没有足够的机会自主选择，每天只能按照父母说的“你必须这样”“你不能那样”的要求去做父母要求的事情，孩子就没有机会从中学会如何长大成人。所以，父母从孩子的幼年期到成年早期一步步给孩子自主选择的机会至关重要；同时，父母的合理引导又是孩子正确选择的重要支撑，避免孩子在选择的过程中迷茫或误入歧途。因此，你必须帮助孩子学习自主选择，了解有效和无效的选择，帮助孩子建立选择的规则。

在前面的示例中，孩子把学习当作被动的事情，将学习排除在自己的选择之外，无疑是不符合选择规则的。如果当时父母就批评孩子说：“你不学习干什么！”孩子就会因为反感父母的想法与父母发生争执或者无奈地被动接受，最终会导致孩子减少对父母的信赖，损害孩子学习的积极性。

这时我们还是要从孩子的需要出发，带领孩子找到可以确认他排斥的事情、可以满足自己需要的因素。父母可以这样问孩子："你为什么认为学习是我们的选择呢？"孩子也许会说，父母经常说给我好好学习之类的话，这让他感觉是为满足父母的愿望和面子而学习的，只能按照父母的安排而无法自主选择学什么、如何学。父母可以反馈孩子："你感觉在学习这件事情上，你的自主需要没有被满足。"这时孩子就会因为感受到你对他的理解而说得更多。父母就有机会继续和孩子讨论在学习中的乐趣、收获，以及对自己未来的期待，让孩子注意到他是如何看待自己，如何成为自己想成为的那个人的。最后孩子会意识到，学习不是父母的选择，学习不是给包括父母在内的任何人看的，而是他自己的选择。选择学习将会满足他自己的内心需要和人生目标，他可以自主地选择如何学习，自主地安排学习时间。也许有的孩子在沟通中仍然不能马上意识到学习是自己的选择，他们的父母要多一些耐心，多花一点时间反复使用非暴力语言进行沟通，让孩子逐步将学习转变为自主选择，将被动学习变为主动学习。每个孩子都需要在成长中学习。

在我的工作中常常有家长告诉我，他们无法将选择权交给孩子。有的家长会跟我说："他才多大？怎么会知道如何做出正确的选择。"于是，在遇到事情的时候，家长会毫不犹豫地跟孩子说："就这么做一定没有错。"一位爸爸在看到儿子毫无章法地将书本、文具塞进书包里时，大声对儿子说："跟你说了多少次了，书包里的东西要分门别类放。"边说边亲自动手给孩子整理书包，孩子则厌烦地在一旁看着父亲。下一次，再下一次，父子两人一直重复着这种不合作的模式。直到有一天，在父子俩上了亲子沟通课程以后，爸爸换了一种沟通的方式。

爸爸：我看到你一股脑地将东西塞进书包，感到有些烦躁，因为我非常看重秩序，我期望你能够分门别类地整理书包里的物品。

孩子没有像之前一样无言地反抗，而是反问父亲。

儿子：像你说的那样整理书包有什么用？

儿子的态度并不好，这位爸爸却看到了与孩子沟通的希望，耐心询问孩子。

爸爸：你能告诉爸爸，你为什么喜欢把书本直接塞进书包吗？

儿子：当然是比你说的方法快。

孩子毫不犹豫地答道。

爸爸没有反驳，而是继续通过倾听、信息反馈等方法，让儿子意识到，他拒绝听从爸爸的建议是想满足自己自主的需要。

爸爸：你想快一点收拾书包，听上去你比较喜欢效率。

儿子：我觉得自己的方法挺好的，不用非得按你说的方法。

爸爸：你的意思是说你更喜欢按照自己的方法，自主决定如何整理收纳，是这样吗？

儿子：我希望有更多的自主性。

爸爸：如果你愿意，我们可以谈谈除了按自己的方法收拾书包之外，我们还可以用哪些方法让你获得更多的自主性。

探索满足自主需要的其他路径。

儿子：我想按照自己的需要安排时间，不想你和我妈老是催我写作业、睡觉，我还没玩 10 分钟就不让我玩了。

爸爸：你的意思是，平时我和你妈妈对你管束太多了，你期望得到更多自主的时间和空间。

儿子：是的，我知道自己要干什么，不用你们一直管着。

爸爸：如果你愿意，可以多谈谈你自己想要干什么吗？

儿子：努力学习，考个好大学，将来有个好工作。

爸爸：爸爸的想法和你一样。我想听你多说说，你想成为什么样的人，或者你长大想干什么，以及如何成为你期望成为的那个你。

儿子：我想成为一名航天专家。

爸爸：你认为成为一名航天专家需要具备什么品质。

儿子：数学、物理肯定要特别好，还要认真、负责，其他我还不知道。我意识到了，好好收拾书包可以让我养成认真的习惯。

爸爸：听到你意识到这一点，我感到很欣慰。你愿意和爸爸做一个找东西的实验吗？如果你愿意，我们两个分别按自己之前的想法整理书包，然后分别从书包里找一个本子，看看哪种方法能更快地找到本子。

儿子：好的。

当爸爸和儿子完成找本子的实验后，儿子发现爸爸的方法比自己的能更快找到本子，意识到整齐的书包可以更有效率。这是用现实检验的方法让孩子看到爸爸的方法可以更好地满足自己的需要。

儿子：我明白了，养成分门别类地放东西的习惯，让书包里的东西变得井井有条，会比我之前的方法更节省时间。而且书本也不容易被乱糟糟的文具给弄破。

作为父母要相信，在亲子沟通中无论发生了什么事情或冲突，你都可以和孩子合作。父母与孩子双方都可以在沟通中成长、学习，找到满足双方需要的方式，共同做出决定，一起解决问题、实现目标。当亲子双方通过合作收获了新的有效的沟通方式，你们可以一起来庆祝并总结经验。

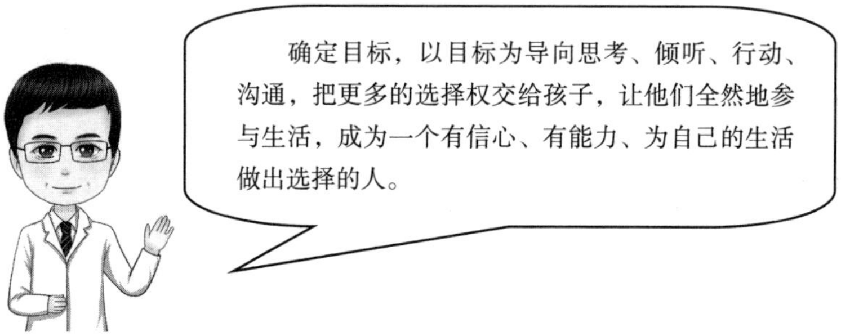

表达感激

表达感激也是任何人之间进行有效沟通必不可少的部分，亲子沟通也不例外。我们只有对孩子愿意和我们一起制定目标并做出改变的言行心存感激，孩子才有更充足的动力去实现它；同时也只有孩子对我们爱的言行心存感激，我们才会更有激情地去帮助孩子满足需要、实现目标。所以，在改善亲子沟通的过程中，我们一定要和孩子保持相互的感激。不过需要注意的是，感激要有明确的指向，否则会让孩子感到疑惑、无所适从。

非暴力沟通表达感激包括以下三个方面，可以让感激指向明确，更加清晰、富有感情地表达受益者的感激之情。

1. 双方做了什么事情让对方的生活得到了何种改善。
2. 通过这件事情，我或孩子有哪些需要得到了满足。
3. 我或孩子在需要获得满足后的感受如何。

表达感激不是赞扬，而是包括观察、感受和需要在内的完整的情感反应。在亲子沟通中表达感激一定要包括以上三个要素，如果感激的指向不明确、自己的感受不明确，被感激的一方很容易把感激当作假感激而不以为然。

想一想，试一试

花 5 分钟回忆一个在过去 72 小时里对孩子心怀感激的事情。

____

____

如何向孩子表达感激？

____

____

我们继续通过J女士的故事来看看如何表达感激，让亲子双方更加愉悦。

J女士：非常高兴（获得满足后的感受）你今天能够跟我一起讨论我们的发展目标（什么事情），这让我感到你很信任我（满足何种需要），现在我能够更心平气和地去给你爸爸打电话了（生活得到了何种改善）。

乐乐：谢谢妈妈今天让我说了这么多（生活得到了何种改善），妈妈能理解我（满足了何种需要），让我心里舒服多了（获得满足后的感受），数学好像也没有那么难了（生活得到了何种改善）。

练习

1. 你和孩子一起制定亲子目标，找出你们共同认可的孩子应具备的最重要的五种良好品质。

____

____

____

____

____

2. 你的选择和被选择清单

选择清单	被选择清单

3. 孩子的选择和被选择清单

选择清单	被选择清单

4. 如果孩子愿意和你一起制定亲子目标，你如何向孩子表达感激？

____

5. 如果你和孩子一起完成亲子目标的制定，你期望孩子如何向你表达他的感激？

____

N
o
n violent
Parent-child
Communication

第7章

爱的情绪表达

在亲子沟通中要注意情绪管理，并做到以下几点：

- ⊙ 从爱自己开始；
- ⊙ 接纳生活中的不如意；
- ⊙ 通过解读父母和孩子的需要学会包容；
- ⊙ 解决内心冲突；
- ⊙ 允许自己和孩子表达，以让情绪更加稳定；
- ⊙ 把和情绪相关的事件写下来，有助于情绪管理；
- ⊙ 进行积极的自我对话，以促进亲子沟通。

“我火一冒上来，就忍不住要说他。”这是我在亲子沟通课程中经常会听到的一句话。很多父母看到承诺回家先写作业的孩子正优哉游哉地边吃边看视频，看到承诺早点睡觉的孩子还在打游戏，看到孩子房间乱糟糟，看到孩子吃饭时筷子在菜盘里东翻西翻，听到孩子说自己不想上学，听到老师说孩子在学校里犯了错误时……就会忍不住想要去批评，甚至是打骂孩子，完全忘记了在亲子沟通课程上所学习的所有理论、方法和技巧，似乎被一个按钮启动了一种无形的力量，推搡着自己冲上去，对着孩子发泄所有的情绪。也有一些情况是父母能够冷静地对待孩子的错误，孩子却被父母的某些话激发了情绪，然后莫名其妙地暴跳如雷。亲子沟通在不合理的情绪表达下就变成了亲子战争。

我们可以先看看J女士和女儿乐乐因为冬天吃冰激凌的事情所发生的争执。也许你会从中发现她们二人情绪背后的一些东西，对你管理自己的情绪和帮助孩子管理情绪有一些帮助。

乐乐：妈妈，我走累了，我们到哈根达斯冰激凌店坐一会吧。

J女士：冬天不能吃冰激凌。

乐乐：我要吃冰激凌，我要吃冰激凌。

J女士：不行，大冬天吃什么冰激凌。

乐乐（愤怒）：不行我就要吃。

J女士（烦躁）：你为什么那么不听话呢？

乐乐暴怒，把手里的袋子狠狠地摔到地上。J女士也很愤怒，打了孩子一巴掌。

在小组训练中，我询问乐乐为什么那么生气，她告诉我说，当时她脑子里想的就是别的小孩都是要什么有什么，而自己的妈妈总是不把自己当回事，因此妈妈不给自己买冰激凌就是不爱自己。J女士的回答则是，孩子一直不把自己的话当回事，自己告诉孩子不能在大冬天吃冰激凌，如果孩子坚持吃就意味着孩子不听话，好像自己变成了一个连小孩子都可以忽视的人，当她有这样的想法时，愤怒的情绪就会如潮水一般涌上来。而且J女士认为，愤怒的表达似乎能让自己达到目的，让自己感觉更强大。

看上去是一件微不足道的小事导致了双方暴跳如雷的情绪表达，实际上事件只是一个导火索，真正导致情绪爆发的是母女二人都遗忘了的、情绪背后的内在心理冲突和双方内心在过去一段时间内一直压抑的没有被满足的愿望。如果母女二人都无法意识到自己内心真正的需要，同样的情绪问题就会这样一次次发生而一直无法得到解决。

而合理地表达感受和需要的非暴力沟通则会让孩子和父母都获益。在上面的情景中，如果父母能够同时关注到孩子的需要，合理表达自己的感受和需要，结果会大不相同。我们可以从以下亲子对话中看一看管理情绪对顺畅的亲子沟通的重要价值。

乐乐：妈妈，我看到有卖冰激凌的。

J女士（微笑）：告诉妈妈你是不是想吃冰激凌了？

乐乐（撒娇）：妈妈我们一起吃好不好。

J女士（微笑）：你愿意跟妈妈说说你要吃冰激凌的理由吗？

乐乐：好吃呗。别的同学的妈妈都给买的，买一个一起吃好不好？

J女士（微笑）：你的意思是如果我给你买了冰激凌，你就觉得我和其他同学的妈妈一样好？如果我不给你买，你就不像其他同学一样被理解、被爱，是这样的吗？

乐乐：也不是了，就是特别特别想吃。

J女士：当你坚持要吃冰激凌的时候，我有些生气，因为我看重你的尊重。如果你愿意跟妈妈坐下来谈谈你突然想吃冰激凌的更多理由，妈妈会很高兴。

乐乐（嘟囔）：其他同学的妈妈都是孩子想要什么给什么的。

J女士：你的意思是说期望妈妈给你更多的爱吗？如果你愿意，妈妈想今天回家之后和你好好聊聊。

乐乐：可是我真的很想现在吃冰激凌。

J女士：妈妈期望你能够理解妈妈不让你在冬天吃冰激凌，也是一种爱的表达。我们前几天看过的关于为什么女孩子要少吃生冷食物的视频上是怎么说的，你还记得吗？

乐乐：记得，可是就吃一点应该没有事情的。

J女士：妈妈知道你喜欢甜食，更喜欢和妈妈在一起，如果你愿意，我们今天回家可以一起做蛋挞，边做边聊可以吗？

乐乐（兴奋）：真的吗？

J女士：当然，乐乐喜欢和妈妈在一起，妈妈也很喜欢和我们乐乐在一起。

管理情绪从爱自己开始

解决这个问题的首要因素是体验到自己、爱自己。你只有爱自己，才能不怕被忽视。因为爱自己的人相信自己是不可替代的，是有价值的，自己不会永远被忽视，生命之花必将会在某一个时间绽放。

培养对自己的爱，首先要构建新的自我评价。如果你像J女士一样对自己的评价是“我是家里多余的那一个”“我很笨”“我没有价值”“没有人喜欢我”“我的性格不讨人喜欢”，那么在很多时候你做事都会小心翼翼，一旦他人没有及时赞扬你或者是支持你的想法，各种负面情绪就很容易快速地占领你的大脑。就像J女士在面对女儿要在冬天吃冰激凌这件小事的时候，认为自己“尊重”的需要被女儿忽视了，各种过往的情绪体验就涌上了心头，如火山般爆发了。

如果J女士对自己的评价是“我是一个有价值的、值得孩子信赖和爱的好母亲”，那么遇到同样的事情，J女士的想法可能会是“保证孩子的健康是我的责任，只要我让孩子明白这一点，孩子就会接受我的请求的”，这样一来，家长就可以心平气和地与孩子继续沟通或等待孩子的情绪平复，事情也就会自然而然迎刃而解。

当然，如果你在亲子沟通中没有注意过有关自我的负面评价，你可以试着关注一下每次沟通没有达到自己的预期目的时你对自己的评价。也许你会发现当你沟通失误的时候，你会对自己说“笨死了”或者“我总也做不好事情。”接下来，你就会陷入自责或者担心被伤害的恐惧中，然后便会出现焦虑、不安的情绪。也许你会想，这些负面的评价有助于我总结教训，自我成长。

也许你是对的，确实有一些人会从教训中不断总结经验，自我提升。但是，对自己的生命充满了热爱的人，生活态度通常是积极的、而且更有行动力，不会沉溺在自责、悔恨、痛苦当中。这些人在行为没有达到预期时不会评价自己“笨死了”，而是会思考“这个方法不行，那么更好的方法是什么？我如何找到更好的方法”，并寻找问题的解决方法，积极尝试新的方法的可行性。当你了解了对自我的评价，积极应对负面的自我评价时，你就能够开始爱自己，爱自己的你一定能够很好地管理自己的情绪，让自己成为情绪稳定的好父 / 母。

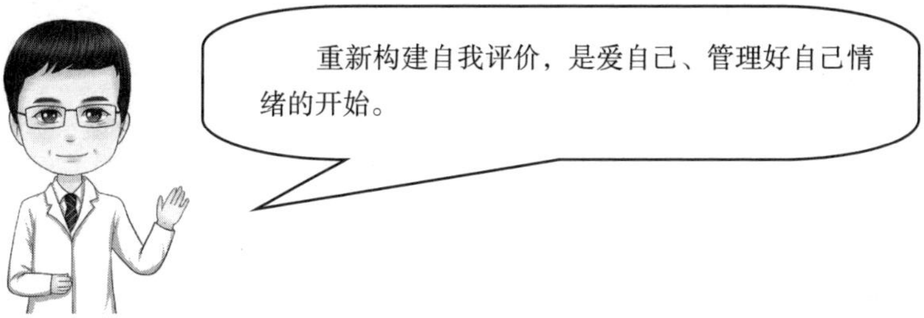

有些父母之所以不够爱自己，往往是因为对自己过于苛刻。不爱自己的父母经常说的一个词就是“应该”，这些父母不仅要求自己，还要求包括孩子、配偶在内的其他人，要求他们每件事都做到完美无缺。如果这类父母无法把事情做到没有瑕疵，就会带着愧疚对自己说“我本应该……”这会使自己陷入沮丧、焦虑、郁闷等各种负面情绪之中，又心怀不甘。正是这种不甘心，让负面情绪一直缠绕着自己。

要想摆脱情绪的困扰，就要回到我们自己的“需要”，而不是去满足他人、社会、环境的期待。当我们做事情时不是"应该做……"而是"我想做……"你就会对自己有更为积极的评价，同时也会更有行动力。

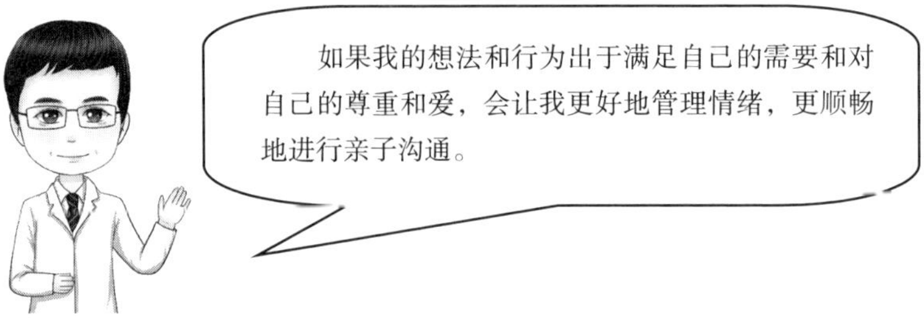

发现情绪背后被你遗忘的需要

父母和孩子的内在需要是双方生命成长的重要促进因素。在亲子沟通中，如果父母忽视双方的需要、坚信自己应为孩子的方方面面负责，那和孩子的关系就是一种牺牲。当孩子有任何问题时，父母都会感到沮丧、压抑、不安，认为自己必须为孩子做些什么，如此一来，孩子将成为父母的负担，一旦孩子有问题，父母就会被情绪所控制，让自己成为情绪的奴隶。

父/母（不安）：都快一点了，怎么还不睡。

孩子（烦躁）：我睡不着。

父/母（沮丧）：你这几天总睡不着，怎么办呢？

也有一些父母只能看到自己的需要，看不到孩子的需要，认为孩子的存在打乱了自己的生活秩序被打乱了，使自己失去了自我，并由此对亲子关系感到厌倦、恼怒和沮丧，被情绪控制，然后指责孩子"你从来就不听我的话""你从来就不会努力一点"，在这种情况下，孩子就会拒绝沟通，并为自己申辩和反抗，而父母则会将孩子说的话判断为"狡辩"和"叛逆"，然后枉顾孩子的想法，提出自己的各种要求，导致孩子感到无法从父母那里获得温暖和爱。

父/母：你这孩子怎么这么不听话，快一点了还不睡觉。

孩子：我睡不着。

父/母：你就会狡辩，让你睡觉是为了你好，睡不着也要睡，不好好睡觉，明天又起不来。

孩子：烦不烦啊，我同学都这个时间睡觉，人家家长都不管，你管得了吗？

如果此时父母能够深呼吸一下，让自己回到自身的感受中，看一看是否可以发现情绪背后的需要，也许就会意识到自己期望获得亲子之间的相互关照和孩子的理解、亲密及尊重，感受到自己和孩子的关系是出于对孩子的爱，而非恐惧、内疚。当父母向孩子呈现自己的需要时，父母会感到真诚的快乐，感受到与孩子的相互依存，感受到对自己的负责。由此，他们才能更好地表达自己，关心孩子。用非暴力的方式表达情绪，不再用内疚、惭愧、自责等负面情绪进行自我惩罚。使用“当我看到/听到/想到……时”“我感到……”“我需要……”“我请求……”的句式，孩子在很大程度上会做出积极回应，也就有机会说出自己的需要。

父/母：我看到现在快一点了，你还没有上床睡觉，我感到有些不安，因为我想到你明天还要上一天课，担心你坚持不下来。我看重你的身心健康，如果可能的话，早点休息吧。

孩子：我还不想睡。

父/母：你的意思是说期望自主决定何时睡觉？

孩子：你为何要求我现在睡？

父/母：因为我关心你的健康，我看重家人之间相互的关心和照顾。

孩子：我心里很烦，睡不着。

父/母：如果你愿意我，帮你按摩一下，一会儿就睡着了。

停一停，想一想

下面的案例中如何使用非暴力沟通改善亲子关系？

J女士看到女儿在学校门口不肯进去，愤怒地对女儿吼道：“今天无论如何你都要进教室。”边说边把孩子拉进教室。

如果使用非暴力沟通，J女士可以进行如下自我对话：

我看到____________________

我感到____________________因为______________________

我需要__________________________

我采取了______________________让我后悔的行为。

我看到乐乐站在学校门口，我感到害怕和绝望，我期望孩子受教育、能够掌握应对生活挑战的能力。期待孩子与我心意相通的需要没有得到满足，我采取了吼孩子和把孩子拉进教室等让我后悔的行为。

如果J女士能够关注自己和孩子的内在需要，对自己的评价不再是“我应该做一个好妈妈”，而是“我想做一个好妈妈，因为我看重亲情”，那她就会远离负面情绪，也会发现对自己和孩子都不再那么苛刻。当孩子考试成绩不尽如人意的时候，父/母不会想“我的孩子让我丢脸了”，也不再会想“如果我的孩子没有考上重点中学，我的同事会怎么看，他们会嘲笑我吗？他们会贬低我的孩子吗”，更不会在孩子遇到困境时一筹莫展，而是会承担起做父母的责任，对自己说：“我想帮助我的孩子面对他所面临的困境，”然后和孩子一起积极思考并走出目前的困境。

接下来，可以看看我是如何帮助J女士在和女儿沟通中走出“莫名其妙发火而后悔”的循环困境，找到用合理情绪表达的说话途径的。

我：你说你非常容易对女儿发脾气，发完脾气又会后悔自己不该这么做，你期望了解自己是怎么被情绪控制的。刚才你说当你女儿做了你不喜欢的事情，你脑子里就会充满了各种负面的想法和感觉。

初步确认情绪和事件的关系。

J女士：是的，我知道自己发脾气不对，但是每次看到她磨蹭，就忍不住想骂她。

我：我们也许可以试一试这个方法——你轻轻闭上眼睛，使用腹式深呼吸，就像你练瑜伽时的呼吸方式，尽可能地让你的呼吸变得深而缓慢。保持这种深而缓慢的呼吸五分钟，让自己放松下来。然后，感受你和女儿轻松在一起的情景和那时的情绪……现在你能告诉我你脑海中呈现的情景和你所感受的情绪吗？

我们在日常生活中也可以使用这种方法重温自己之前愉悦的情绪，寻找积极事件，让自己冷静下来。

J女士：我女儿看我照顾二宝的时候忙不过来，会主动过来帮我拿东西。我感到满意、感动、温暖。

我：那时你的想法是什么？

将事件、想法联结起来。

J女士：我的女儿还不错，很多老大都不喜欢老二，把家长搞得焦头烂额的。我女儿挺喜欢妹妹，经常帮助我照顾她，而且干得像模像样的。那时候我就觉得女儿特别懂事，特别有爱心。

我：你女儿比其他孩子更热爱家人，更有做家务方面的兴趣和天赋。

确认积极的想法。

J女士：可是，做家务又不能考上好大学，也不能有一份好工作。

我：你对你的女儿的事业有很多期待，期望她将来有一份好工作。但是，她似乎无法满足你对她学业的期待。

J女士：她一点也不喜欢学习，总是磨磨蹭蹭，上课的时候也不能集中注意力，昨天上辅导班的时候，我还看见她不认真听课，我拿东西砸她她才回过神来。

我：当你认为她学习磨蹭、不好好听课的时候，你的想法和情绪如何？

将负面事件、想法和行为联结起来。

J女士：我很生气，有时甚至是愤怒或暴怒。我觉得她怎么这么不听话，她就是一个废物。

我：所以当你看到女儿在学习的时候没有达到你期待的目标时，你认为她就是一个不听话的孩子，并会因此生气，如果情况持续，这种情绪就有可能会持续升级。那时候你会被自己的情绪所控制而无法意识到你的女儿还是一个充满爱心、愿意帮助你照顾二宝的懂事的孩子。更重要的是，在这个过程中，你无法思考你和孩子的需要是什么。

如果你愿意，现在请再次微微闭上眼睛，深呼吸，带着刚才你所感受到的满意、感动、温暖让自己放松下来，然后让你的脑海中出现女儿听课的情景，想一想孩子没有认真听课还有其他什么可能的原因……如果你想到了，可以告诉我。

J女士：她也许是听不懂，这孩子特别笨。

我：所以，也许孩子并不是不听话，而是她可能没有听懂老师讲的课程，需要你的帮助。

忽略负面想法，寻找问题解决方法。

J女士：我该怎么帮她，她就是不喜欢学习。

我：除了不喜欢学习，还有其他可能吗？是不是她有何种需要没有得到满足？比如，有的孩子听不懂课，是因为内心深处认为自己从事兴趣活动的需要没有被满足而感到厌倦，如果我们可以有针对性地帮助孩子渡过学习上的难关，就有机会激发孩子的学习兴趣；有的孩子更喜欢活泼有趣的老师，因为这样的老师更能满足他情感相通的需要，如果老师上课比较刻板，孩子就容易对这一门功课失去兴趣；有的孩子需要被激励，他们往往非常期待尊重的需要被满足，如果经常受打击或者受挫就不愿意学习。

你现在可以试一试，将情景、事件、想法、情绪联结到一起，注意是什么引发了你的感受，想一想你和孩子分别有什么需要要得到满足，然后试着用正面的感受替代负面的感受，让自己产生新的想法，找到满足自己和孩子需要的方法，从而改变对孩子的感受。

接下来，我帮助J女士使用三栏表格（详见表7–1）更清晰地发现在亲子沟通中让她产生负面情绪的想法，以让她注意到只要一涉及孩子的学习，她就容易出现愤怒、恐惧、忧虑等一系列的情绪问题。同时也帮助她注意到孩子在学业之外还有许多优势，当J女士能够注意到孩子在家务、个人品质方面的优势之后，就能够注意到孩子在学习方面的努力，进而发现孩子在学业上的优势。这样她就不那么容易一遇到孩子有学习问题就被自己的情绪所控制，就能够相对心平气和、客观地观察发生的事情，感受自己和孩子的情绪，了解自己和孩子的需要，提出符合实际情况的请求。

表7–1　事件–想法–情绪表

事件/情景	想法	情绪
女儿做作业时发呆	她太磨蹭了	烦躁
女儿上课不听讲	她不听话，是个废物	愤怒、忧虑
女儿帮助妈妈给小妹妹换衣服	她真的很懂事	喜悦、温暖

非暴力沟通让你能够正视现实

正视现实能够让你发现总是让自己挫败的行为方式和思维模式，改变你的完美主义、控制倾向、依赖倾向，这些倾向都是导致你被压力、挫败感、焦虑及持续怨恨所困扰的核心原因。

所谓正视现实是指对总是引发你情绪的情景、词汇、问题进行处理。一位爸爸对“愚蠢”“笨”“傻”等形容人笨拙、不聪明的词汇极为敏感。无论是谁，无论这个人是善意还是恶意，无论使用的语气语调是严肃还是调侃，只要使用“笨拙”的同义词或近义词评价他、调侃他，他必定愤怒甚至暴怒。这是因为他有一个“如果我不够好，我就会被人欺负”的信念，他的内心有着对尊重强烈的需求。解决这个问题需要这位爸爸直面自己不够好的现实，也允许孩子不够好，这样他才能意识到“笨会被欺负”的是年幼的自己，并非成年的自己。他可以照顾好妻子和女儿，是一个可以应对工作的合格员工，而且能够照顾好父母，在父母面前是一个孝顺的孩子。

非暴力沟通教会我们在面对幸福、苦难时，要一如既往地关注亲子双方的感受，坚持自己的需要和根本价值观，让需要指引自己去实现内心的渴望，承认对过去的情感体验，而不是回避过去的愤怒、悲伤或快乐。在实践工作中，我常常会遇到一些父母和孩子声称他们不记得过去，这可能是一种对情感的隔离——源于对破坏性情绪的恐惧，他们害怕这些情绪会再次爆发伤害亲子关系，结果却事与愿违。

在亲子沟通中，父母和孩子最经常使用的一个词是“快乐”。快乐对每个人都非常重要，我们每一个人不论身份如何都希望自己每天快乐，没有人期望自己每天处于焦虑、不安、恐惧、忧愁等各种负面情绪之中。可是，在纷繁复杂的世界中，“天天快乐”只能是童话。每个人包括孩子无一例外，都必然要面对各种挫折，甚至是苦难。一味地追求快乐回避痛苦，会让人认为导致痛苦的事件、情绪带来的一切都是负面的，我们对此只能被动地承受，从而陷入更深的痛苦之中。事实上，在生命中体会到忧愁、悲哀、遗憾等负面情绪并不意味着我们无能为力、只能任由自己深陷泥沼。所谓负面事件和负面情绪其实是一种对问题或危险的提醒，一个让我们可以停一停、思索我们可以为更好的生活做些什么，以及这种经历是否隐含着积极的一面的契机。

同样的词还有“积极”“幸福”“自由”“健康”，这些都是非常正常的需要，但是都不能被过分地强调。生活本来就是丰富多彩的，消极情绪的另外一面是深度思考；不幸的另外一面是丰富的人生体验；束缚的另外一面是规则；疾病的另外一面是休整和自身免疫力的提升。

例如，养育孩子的过程中，孩子生病是常有的事情，有时孩子的病还会来势汹汹。如果你一味指责自己没有把孩子照顾好，就会体验到自责和焦虑。这时你会烦躁不安，在照顾孩子的过程中手足无措，也许你还会把自责投射到你的配偶身上，抱怨他做得不够好，最后你甚至会因为太过焦灼而病倒。

如果你能够意识到在大多数情况下，生病会让孩子机体保持对各种致病因素的应激，而且随着孩子身体的休整、机能的恢复，他的免疫力也会提升，同时也提醒你改善自己在养育孩子过程中存在的问题。也许你会想：“孩子生病在所难免，作为一个称职的妈妈，我未来可以更好地照顾孩子。”那么你就会积极面对自己不安的情绪，让自己先放松下来；积极思考应对措施，和家人一起照顾孩子，互相安慰，一起直面这种困难的境遇。那么，我想你所面临的境况更多的会是有序、有效和相对平静的。孩子也会得到更好的照顾，而不是让你的焦躁和不安给孩子投下“我不敢生病的阴影”。

直面人生还意味着，你需要承认自己和孩子的不完美。在孩子成长过程中适度地受挫有助于孩子学习问题的解决，自主发现自己在处理事情过程中存在的问题。如果父母过度强调完美，让孩子百分百快乐、成功，事事都帮孩子做，孩子就失去了为自己负责的机会，也无法发展出满足自己需要的能力，如此一来，当他们长大成人的时候会比经历过挫折的孩子更容易感到对现实的无力感。

摈弃诸如“我应该做得更好”“孩子应该上更好的学校”“我应该让孩子一直健健康康”“我应该总是心平气和地和孩子说话”等观念。如果你的脑子里充满了这些“应该”和“必须”，你就需要问一问自己，“我有什么需要没有得到满足”，然后再次回到对自己需要的表达，尝试满足自己的需要。直面亲子双方的情绪，使用积极对话来相互表达自己的情绪，会大大降低亲子沟通中的负面情绪。

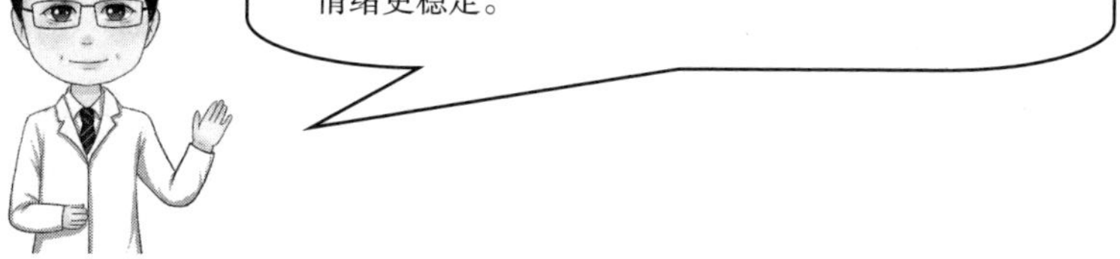

“我应该做得更好”也许意味着你安全的需要没有得到满足，也许意味着你尊重的需要没有得到满足，也许意味着你信赖的需要没有得到满足，也许是你自尊的需要没有得到满足……当你静下来想一想，知道你的需要是什么，你就不会再这么苛刻地要求自己，而是会从不同的角度寻找满足自己需要的方法。比如你的需要是自尊，你可以通过减少对配偶和父母的依赖独立做事、允许自己适当犯错接纳不完美的自己、和朋友建立更为互信的关系，以及改善自己的沟通模式让他人感受到你的尊重等各种途径获得自尊，而并非要求事事完美，让自己与自尊渐行渐远。

非暴力沟通让你和孩子学会宽容

目前正处于青春期的孩子的父母大多数是“70后”“80后”，他们多数人在成长过程中曾经历过物质的匮乏，而“00后”的孩子几乎从未经历过物质匮乏。所以其父母往往误以为靠勤奋工作获得的物质财富就可以满足孩子的需求，却没有意识到情感需求在孩子们眼里远远比物质需求更重要。如果父母忽视了自己和孩子的感受和需要，把孩子强烈的情感需求当作无理取闹，或者把自己的价值观念当作唯一正确的方向，亲子冲突就不可避免。

当父母说“我都是为你好”往往意味着父母和孩子的生命需要都被忽视，而不仅仅是孩子的需要被忽视。所以，在非暴力亲子沟通中应强调父母要满足自己的需要，感知孩子的需要，并在沟通中寻求同时满足自己和孩子需要的路径，达成亲子之间的和解，这样亲子沟通才会进入良性循环——孩子在父母的支持和引导下形成属于自己的独特的价值观念，然后自主地按照这些观念成长为幸福、独立、最好的自己。

当孩子说“父母这样做是为我好”或者“我已经习惯了父母这个样子”时，往往是将对父母的负面的情感深深压抑到内心最深处，将自己与自己的负面情感、需要和对父母的感情一起隔离开。这是一种对父母的深层排斥，但如果孩子在心中排斥父母的一方或双方，他们就会感觉自己是空虚和不完整的。因此心理学家主张，在亲子沟通中不要让孩子压抑自己的愤怒等各种情绪，而仅仅强调亲子关系爱的一面，虽然压抑情感能暂时维持表面上的宁静平和，但实则会让亲子双方远离自己的需要，使双方情感越来越疏远。

亲子双方的行为最终都会回到自己的需要上，无论它是高尚的还是微不足道的，都是这个世界上独一无二的需要。非暴力沟通可以让你学会聆听自己内心深处被深深压抑的需要，也让你通过聆听自己，学会聆听孩子内心不为人知的声音，了解他的需要和价值观念。只有父母和子女都学会"从对方的经历看待对方"，学会接受对方的意见和建议，放弃对理想父母或理想子女的不切实际的幻想，相信没有完美的父母，也没有完美的孩子，接受亲子双方都是不完美的事实，才有可能实现自我的成熟。

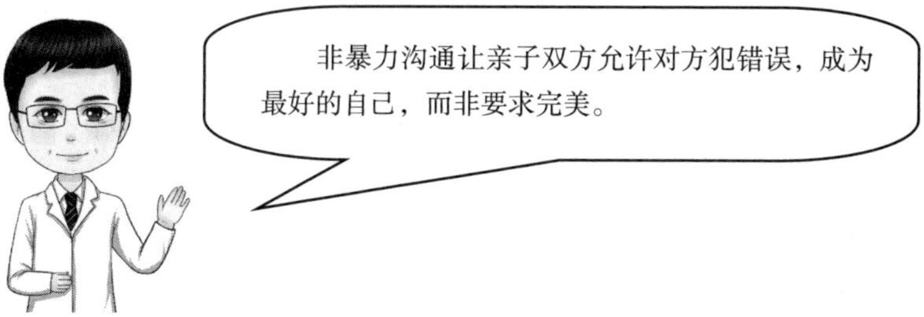

如果你意识到你向孩子发火，是因为你"被尊重的需要"没有得到满足，而非孩子"不可理喻"，那你面对孩子的时候是否会减少愧疚；当你看到孩子闹着要在大冬天吃冰激凌的时候，你意识到孩子"被爱"的需要没有得到满足，你是否会听一听孩子内心的声音，而不是让愤怒控制你。

意识到负面情绪来自"未满足的需要"，会让我们有机会成为自己情绪的主人，想一想我的需要是什么？我能够为满足需要做些什么？孩子的需要是什么？我如何帮助孩子负责任地满足自己的需要？当我们把关注点放在"需要"上，我们就不会纠结于内心的冲突、不安，也不会过分在意外部的评价，而是会更多地关注此时此刻、关注真实的我，而非对自己和孩子不切实际的幻想。

在亲子沟通中，父母要能够接纳自己和孩子的缺点，接纳孩子的指责，让孩子能够直接、正面地表达自己的悲伤、怨恨之情，通过宣泄给孩子一个自我修复的机会。当然，在这个过程中需要注意的是，表达不是吵架，而是要学会接纳我们的感情，双方互相理解，把自己的爱和恨整合起来，会让亲子相处得更融洽，建立一种真实共情的、关系上稳定的爱。

当然，在非暴力沟通过程中不论是父母还是孩子，都要切断与对方最初的依赖关系，也就是说父母不再完全为孩子负责，孩子也不再完全听从父母的建议，父母更多的是充当引导者而非管理者，要走出原来的舒适区。这个过程充满痛苦，但可以让孩子克服童年时代所受的影响，学会独立、快乐。孩子有了愉快的生活，就更容易接纳父母过去对自己所犯的错误，获得独立判断的能力和坚持自己观点的真正自由，自主去选择自己喜欢的事情。父母亦可获得与孩子更为深刻的爱的联结，而非期盼孩子成为所谓最优秀或者令自己有面子的那一个。这会让我们心灵宁静，对自己、孩子和其他人都会更宽容，也会用更加现实的态度和方法去应对各种困境。

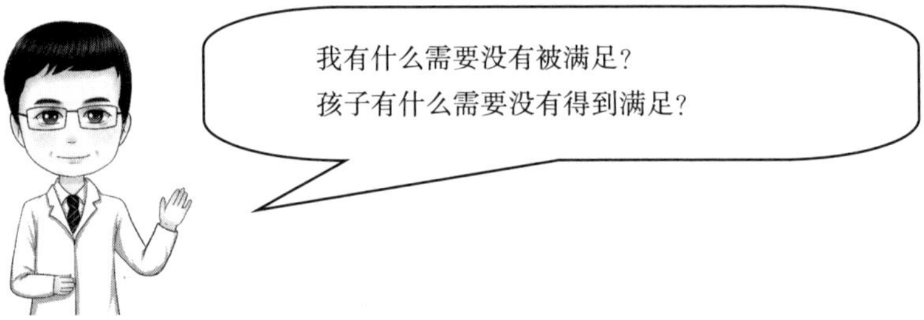

我们一起来看看下面两段对话，能不能从中看出亲子沟通中是如何出现情绪问题的，以及如何才能对自己和孩子宽容。

1. 父 / 母：你再努力一把就好了。

孩子：你就会关心我的学习成绩，什么时候关心过我高不高兴。

父 / 母（不悦）：你要是努力，我会对你不关心？

孩子：爱怎么着就怎么着，反正我已经习惯了。

父 / 母（生气）：就会给你不好好学习找理由。

孩子（生气）：你知道什么，就知道要求我学习。

父/母（恼怒）：要求你学习怎么了，学生不该学习啊！

孩子（愤怒）：学习、学习，除了让我学习，你还管我什么了，见到你就恶心。

2. 父/母：我看到你的成绩单，感到有点失望，因为我看重言行一致。

孩子：那是你逼我承诺的。

父/母：你的意思是说，这个学期开始的时候，你承诺期中考试会提升成绩并不是你真实意思的表达。

孩子：都是你想让我考得好一点，让你在同事面前更有面子。

父/母：听到你这么说，我有些沮丧，因为你误解我了，我看重理解。

孩子：那你理解我了没有。

父/母：我愿意听你说说你的想法和感受。

切记，父母不要随便向孩子道歉，倾听、理解、包容比道歉更有效。

孩子：你知道我上中学之后压力有多大，你还要给我压力！

父/母：如果你愿意，可以和我谈谈你的困难。

孩子：我觉得自己特别笨，怎么都不能考得再好一点，每次考试我都特别紧张，生怕考不好。老师也总是说我，你也说我。

父/母：你认为自己不够好，并为此自责，因此被焦虑的情绪困住了。如果你愿意，我们一起来找一个解决问题的方法好吗？

非暴力沟通让每个人都变得富有生命力

我在工作中经常会遇到一些看上去暮气沉沉的孩子，也经常听到一些孩子对我说学习一点意思也没有，生活一点意思也没有，周围的人一点意思也没有，连游戏也没有意思；还有孩子告诉我没人陪着就不高兴，因为生活太无聊了，爸妈更是无聊透顶。

我经常和一些父母聊天，听到他们说生活无非上班、买菜、做饭、打扫房间、看看电视、上网。当一个人的生活是这个样子的时候，生命中的一切都会变得暗淡无光。他人的评价就变成了点亮生命的唯一存在，当他人给予“好”的评价，似乎就能给生活注入一点动力。

但是这种动力是极不稳定的，他人的评价是随着喜好而变化的，并不总是能满足我们的需求。一旦需要没有得到满足，我们的生活就会失去平衡，各种心理问题、心理疾病、心理障碍就可能接踵而至。只有父母的生命变得丰满和富有活力，才能为孩子提供更富有活力的生活环境，让孩子也变得富有生命力，从而让父母感受到生活中更多年轻态的乐趣，这样的互动模式才会为父母和孩子的生命提供源源不断的动力，才能让父母和孩子在亲子沟通中充满活力，让爱流动起来。

富有生命力的第一步就是做让一个人感到乐趣的事情或者把事情变得富有乐趣。让沟通变得有趣的方法是强调父母和孩子都要爱自己，不要只因为愧疚、责任、恐惧、义务而去做事情。当然，这并不是说父母和孩子做事要不负责任、要做一个自私自利的人，而是把“不得不做”变成“我想做”。

体会一下，“因为我是孩子的妈妈，所以我不得不早上六点钟起来为孩子做饭”和“我喜欢早上六点钟起来做饭，因为我爱我的孩子”这两种想法带给你的不同感受。我想后一种想法大概会让你从今天起对准备早餐更有兴致。当然，如果你认为即使你非常爱你的孩子，每天早上六点钟起来做饭对你来说仍然是一个沉重的负担，你可以考虑早上不做饭，转而寻找其他解决路径：也许你的另一半对做饭充满了兴趣，也许你可以在头一天晚上准备好第二天的食物，或者也许你可以尝试购买一个早餐机以降低做早餐的负担，甚至你可以寻找一个安全卫生健康的早餐点。总之，你完全没有必要带着不满和怨气去做自己不喜欢的事情，这只会让你在孩子面前变得越来越无趣，甚至是面目可憎。

除了可以从你的需要出发寻找其他满足你的路径之外，有时那些你看上去不得不做的事情，也许本来就是你需要的事情。当你意识到这些事情并非你所以为的那么无趣，也许你就能发现一些被你忽视的生命活力。同样，你学会这个方法后，也可以教会你的孩子使用同样的方法，把“不得不”变成“我想做”。当孩子做他想做的事情的时候，他会变得更加富有生命力，更富有活力，更容易收获你们都期待的未来。

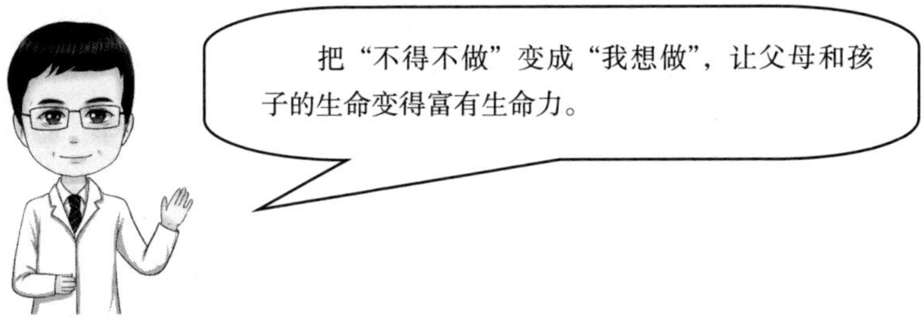

在大多数父母眼中，我们生活中总有许多不得不做的事情：

- 我不得不每天匆匆忙忙送孩子上学；
- 我不得不去上班；
- 我不得不每天为全家人做饭；
- 我不得不每天陪孩子做作业；

…………

上述情景对于一些人来说可能是不必要的，而另一些人可以将其变成“我想做的”。当我们明白哪些是自己想做的，做这些事情满足了自己什么需要，使用“我想做……因为……”的句式确认自己的选择时，就可以让生活变得更加有趣，而不是充满了种种无奈的束缚。

每个人的需要都不尽相同，上述的“不得不”有时可能本来就是自己的选择。每天做饭对于美食爱好者来说，满足了他对于美食的需要，这句话完全可以变成“我想每天为家人做饭，我喜欢将食材变成这么美好的食物”。对于那些把为家人做饭当作爱的表达的人来说，这句话可能是“我喜欢每天为家人做饭，这让我感到满满都是爱”。对于对做饭完全不感兴趣的人来说，完全可以和家人商量如何不做饭，比如可以全家人轮流做饭，或者自己做其他家务，由丈夫 / 妻子来做饭，抑或经济条件允许的条件下可以出门买早点甚至雇用家政人员来做饭。只要充满了对生命的爱，你一定会找到让你感到有趣且富有生命力的问题解决方法。

有些父母会拒绝或无法相信为孩子做事情是一件“我想做”的事情。例如，对于“我不得不每天匆匆忙忙送孩子上学”这件事，很多父母会说“没有办法，学校太远了”或者“孩子太毛糙了，不送他上学他一定会出事”。而实际上，父母选择送孩子上学可以满足自己部分奉献的需要。注意到那些本以为是“不得不”做的事情是“我想做”的，也许这些父母会有不同的感受和选择。

停一停，想一想

日常生活中有哪些你认为是无聊、无趣、厌倦，却又不得不做的事情：

____

____

在这些事情中，哪些是你可以变成“我想做”的事情：

____

____

如果你承认这些事情是你想做的，请你填写下面的句子：

我选择 / 想做______________________，是因为我想要 / 喜欢 / 感到__________________需要被满足。

在大多数孩子看来，自己也有许多不得不做的事情：

- 我不得不每天早起以防上学迟到；
- 我不得不每天写作业；

- 我不得不每天上钢琴课；
- 我不得不上这么无聊的数学课；

…………

父母需要帮助孩子寻找在这些看似无趣的事情能够满足孩子的哪些需要。这也许要花点时间，毕竟让孩子意识到自己的需要并不是一件容易的事情。

乐乐：每天不得不六点多钟起床太讨厌了。

J 女士：你的意思是不想上学吗？

乐乐：上学好无聊啊。

J 女士：你不是很喜欢和同学在一起吗？

乐乐：我很喜欢我的朋友，不过上课太没有意思了。

J 女士：你不是说你想上最好的大学吗？

乐乐：那是你想让我上大学，我都不知道上大学干什么。

J 女士：如果你愿意我们可以聊聊。

乐乐：我都不知道自己可以干什么。

J 女士：你有过什么期望吗？不论什么样的期望，我都想听一听。

乐乐：我曾经想当老师，不过我现在不是特别喜欢；我还想当作家，但是我觉得自己的作文写得不好；我还想当明星，不过我长得不太好看。

J 女士：你有很多期望，只是你有些不大相信自己可以做好。妈妈有些不同的看法，上次你的作文不是还当范文了，而且我们乐乐的眼睛大大的很有神，所以妈妈认为你的愿望是有机会实现的。现在你愿意告诉妈妈这三个愿望中你最想做什么吗？

乐乐：其实我最想当作家，我觉得把自己脑子里的东西写下来还挺有意思的。

J 女士：你会为成为作家做些什么？

乐乐：我会多读书，多写作文。

J女士：你想要多读书，将来成为一个作家，是这样的吗？

乐乐：对，这样想想早起也没有那么难受了，以后你叫我起床，我一定不会乱发脾气了。

J女士：你想要每天按时起床，按时去学校上学，因为你期望通过自己努力学习提高文化水平，未来成为一个能够把自己脑子里的东西写下来的有趣的作家，是不是？

乐乐：是的，听起来上学也不是那么讨厌的。

满足需要的行为动机有助于情绪管理

我们每个人的行为背后都有动机，不可能无缘无故地想做某一件事情。这些动机有些可以满足需要，有些则是基于获得金钱、地位、名誉或者避免惩罚和内疚等原因。像孩子坚持要学绘画，也许是可以满足他对美的需要；打碎了花瓶的孩子撒谎是为了避免父母的惩罚。父母每天辛苦工作、照顾孩子同样也有自己的动机，有的是满足自己奉献的需要，有的是满足爱的需要，有的则是期望获得赞扬或者通过孩子收获名誉、金钱和地位。如果能够明确动机，区分哪些是你内在的需要，满足的过程会令你甘之如饴。如果你做事情的动机与你的需要背道而驰，即使看上去很轻松的事情，也会让你渐渐举步维艰。

在亲子沟通中，最常出现的远离需要的行为动机是为了"面子"。我们经常会听到父母对孩子说"你考成这样让我丢脸""你要是会弹钢琴，学校组织活动时能表演，在同学、老师面前多有面子"。或者期盼别人说"你是个好妈妈 / 爸爸""你的孩子真有出息"。为了获得这样的赞誉，一些父母拼命给孩子创造各种所谓成功的机会，陪孩子写作业、送孩子上补习班、让孩子上绘画 / 钢琴 / 舞蹈班……以迎合社会对所谓成功的需要。如果孩子经常听到父母和"要面子"有关的话，就会习得隐藏自己的需要，内心充满不安全感，变得怯懦、自私。

不少父母不想让孩子遭受批评，或者自己不想面对老师或老板的责难，于是在做事情和沟通的时候，首先考虑的不是满足内心的需要，而是如何避免被指责、被羞辱、被惩罚的情况发生。例如，父母在催促孩子上学的时候爱说“快点，上学要迟到了，又要挨老师批评了”，或者“快点，再不快点，我上班就要迟到了，迟到要罚钱的”。长此以往，孩子会变得过分小心或者对任何批评都不以为然。

避免负责也是一种远离需要的行为动机。父母在亲子沟通中使用“必须”“应该”“不得不”等词汇意味着将自己的责任转嫁给孩子，以逃避自己的责任。父母在对孩子说“你必须考一个好成绩”的时候，潜意识是在逃避作为父母帮助孩子成长的责任。我听到一个十多岁的孩子不止一次地跟他妈妈说：“你就是嘴上说‘你应该好好学习才能考个好成绩’，说完了就当甩手掌柜，我考不好，你就会说‘看看早就跟你说过了，你不听，考成这样怪谁啊’，好像我们小孩天生就知道怎么学习一样。”也有的父母比较严格，每天都盯着孩子学习，看上去非常用心负责。然而这些父母说“必须”的时候仍然没有意识到未成年孩子的学业成绩不仅仅决定于孩子的努力，还与父母的支持、鼓励、引导，以及帮助的方法是否得当有着密不可分的关系。

避免愧疚同样会远离需要。一些父母把孩子看管得很严，不许孩子做这个、做那个，生怕孩子出意外。他们误以为，如果孩子出了什么坏事情，自己就不是好父母，并会为此而羞愧和内疚。于是这些父母就尽可能在生活中给孩子设置各种限定，无意识中把孩子变成被牢笼束缚的囚徒。就像J女士在上亲子沟通课程之前不允许孩子自己下楼玩耍，尽管学校很近，她还是坚持每天接送孩子上下学；不允许孩子动厨房里的任何东西，不允许孩子接触各种电器，坚持让孩子按照她的要求穿衣服，严防孩子着凉受热。其结果是，孩子都十多岁了不知道水烧开了是什么样，只要回到家就完全被妈妈限定了，不能自己做事情。当J女士听到邻居、朋友说“你养孩子真精细”的时候感到特别欣慰，完全没有意识到孩子在这个过程中失去了多少乐趣，又有多少内在的需要被压抑，而自己也因为把时间花在控制孩子身上而压抑了自己太多的内在需要，让自己的生活乐趣大打折扣。

赚钱是当今社会的一种普遍的远离需要的行为动机。我经常听到父母或者孩子对我说，努力学习或者工作是为了将来赚到更多的钱；高考选择某专业是因为将来可能赚钱多，不选择某些专业是因为将来赚钱少；评价某人成功是因为他有钱买豪宅名车，评价某人失败是因为他甚至没有钱买一套小公寓。所以，当我问这些孩子“你长大想干什么”的时候，他们的回答往往是千篇一律的“考一所好大学”，如果接着问，他们基本上是茫然无措或者充满了各种不安的。因为对金钱的要求是没有止境的，没有人会说我的钱足够了，能让自己内心安定。

父母要知道每个孩子都是独特的，帮助子女找到和发展出最好的自我是父母最重要的责任。远离内在需要，单纯要求子女和其他同龄人一较高下，让子女失去自我变成他人拙劣的模仿品是一件非常可怕的事情。如果你的孩子很有艺术创造天赋，但你对他的天赋缺乏引导，不屑于孩子用各种自然物拼贴出的美丽图画，指责孩子浪费了学习时间，不断对孩子说“你必须提升学习成绩”，无疑会让孩子失去艺术的创造力，学习成绩也会因为缺乏内心激情而每况愈下，孩子可能会因为在学习上遭受挫折变得越来越怀疑自己；如果孩子善于思考拙于动手，你却要求孩子通过钢琴 10 级考试，无疑会让孩子远离自尊的需要，怀疑自己的能力；如果你的孩子语言能力很强，羞怯且不敢表达，而你却不断指责孩子在社交中不够主动，那孩子就会因为父母缺乏耐心的鼓励和循序渐进的引导，感到自己不被理解，失去发展出一套自我表达模式的机会。而如果父母能够满足孩子天赋的需求，同时引导孩子兼顾生活中的其他部分，几乎每个孩子都有最夺目的时刻。

停一停，想一想

在亲子沟通中你说的哪些话让你远离了你和孩子的需要？

____

____

你说这些话是哪些需要没有被满足？会让孩子的哪些需要被忽视？

____

____

这些话经常让你产生哪些情绪？

____

____

这些话经常让孩子产生什么情绪？

____

____

情绪管理意味着承担责任

做自己情绪的主人，首先要学会承担责任，即不再把事情归咎于他人，承诺对自己的生活、情绪和未来负责。

我们先看看以下一些话：

- 要不是有你，我早和你爸那个混蛋离婚过上好日子了；
- 你这孩子连个招呼都不会打，让我太没面子了；
- 你快气死我了。

父母的这些话将自己生活的困顿、丢脸、情绪困扰都归咎于孩子，会让自己和孩子感到对事情的发展无可奈何，让问题看上去无法解决，坏情绪自然而然如影随形。

当然承担责任也不意味着要责备自己。我们在前面了解到，如果在沟通中遇到问题，我们有可能会：

- 责备自己；
- 责备对方；

- 体会自己的感受和需要。

我们所说的承担责任指的是当我们在和孩子的沟通中出现问题时要停一停，感受一下自己产生了什么情绪，自己有什么需要没有得到满足，而非责备自己和他人。

如果我们能够做到在沟通中感受和了解自己的需要，上面的话我们就可以换一种说法：

- 我想和你爸离婚，因为我想过更平静的生活；
- 如果你能跟叔叔阿姨大方地打个招呼，我会很高兴，因为我看重礼貌；
- 你刚才的行为让我生气，因为我看重你的尊重。

这样我们会感到自己可以通过某些言行改变目前的问题，而非束手无策。

除了注意到你自己的感受和需要，你还可以体会一下孩子的感受和需要。当你意识到你想离婚的时候，孩子可能会恐惧、哀伤，他在期望你们能够继续满足他安全和爱的需要，你和孩子在很大程度上会产生共鸣，进而加深感情；当你让孩子和周围人打招呼，你发现孩子感到焦虑，期望你能够满足他依赖的需要，你可能会更愿意安抚他，引领他试着走出舒适区，耐心教孩子如何从打招呼开始建立人际关系；当孩子对你不够尊重的时候，你明白孩子正在生气，他正在期待你满足他独立自主的需要，你可能会愿意给自己和孩子一个解释的机会。这些行为无疑都会让你和孩子的关系更加密切，让孩子更愿意和你分享他的生命的重要时刻。

停一停，想一想

你在亲子沟通中说的哪些话是在回避责任？

____

____

为了改善你的生活，你可以使用什么方法让你的生活更加平衡？

____

____

父/母：今天在学校里怎么样？

孩子：就那样。

父/母：今天在学校里不高兴吗？如果你愿意可以和我说说吗？

孩子：我不想说。

父/母：我尊重你的选择，什么时候你觉得需要可以随时来找我，如果你还没有做好准备也可以不说。

表示愿意承担父母倾听孩子的责任。

如果你不跟我说，会让我有点沮丧，因为我看重父母和孩子之间的理解和支持。

表达自己的情绪和需要。

孩子：我不知道该怎么说。

父/母：没有关系，你怎么说都可以，不论什么我们都可以讨论。

承担倾听的责任。

孩子：今天本来应该C同学值日，可是她不想值日，让我帮她，我跟她说我妈妈已经来接我了，没有办法帮她值日了，她好像就不高兴了。我害怕自己做错了，又害怕得罪朋友。一边觉得自己好像太自私了，一边又觉得她太霸道了。

父/母：听上去你现在被混杂了茫然、疑惑、无助、自责、忧虑的复杂情绪困住了。

和孩子共情。

孩子：我不知道该怎么办，我今天该帮小C值日吗？

父/母：你自己是怎么想的？

孩子：我不想替她值日，她就是不想扫地，又没有什么事情，而且她就那么随便说一声，一点也不尊重我。

父/母：你认为这件事上你的同学没有满足你尊重的需要，所以你不想帮她对吗？

孩子：是的，我期望被尊重和理解，不想随便被人呼来唤去的。

父/母：因此你认为自己并没有做错，你拒绝帮她值日可以满足你自尊的需要，只是担心被同学排斥。是吗？

让孩子承担责任，而非父母帮助孩子下结论。

孩子：是的，我如何做才能让小C不讨厌我。

父/母：你觉得小C会讨厌你的理由是什么，之前你或你的同学有没有拒绝过小C，小C有没有排斥她？

孩子：我现在觉得自己多想了，小C就是大大咧咧的，想到什么就说什么，很多同学都拒绝过她，她还和大家挺好的。

解决你内心的冲突

当代社会，绝大多数的父母尤其是母亲都承受着工作和生活的双重压力。在照顾好家庭、孩子和做好工作之间经常会陷入无所适从的境地。就如J女士要每天早上六点起来给孩子做饭，叫孩子起床，通勤加工作10个小时，回来还要做饭、做家务、辅导大孩子功课、照看小的孩子。尽管丈夫和家政阿姨都会帮忙，J女士还是感到力不从心。筋疲力尽的一天结束时，她的脑海中常出现两个想法在打架，一个声音说：“为什么要把自己弄得这么累，干脆让孩子自己学习，自己在外边吃早餐得了。”另一个声音就会说："孩子还小，学习怎么会有积极性，外边的早餐也不健康。我必须做个好妈妈。"

父母另一个常见的内心冲突是，是让孩子自由健康快乐成长，还是促使他砥砺前行做一个拼搏者？J女士也常常陷入这种困境中，每天不停催促孩子早点去学校，恨不得孩子全天候聚精会神地读书，一点懈怠都会让J女士愤怒；但当看到孩子深夜还在写作业的时候，她又会无比心疼，期望让孩子少一些学习负担，多一点休息时间。

孩子的健康成长需要的是"足够好的父母"，这是英国心理学家温尼科特提出的理念。他认为：好父母需要尽自己所能理解孩子的需求，在孩子做好准备的时候适时地提出自己的请求；好父母要允许孩子知道自己的情绪波动，也允许孩子发泄他的怒火，这可以帮助孩子更好地理解真实的世界；好父母要允许孩子在一定程度上不服从，这会让孩子更富有创造力；好父母不要无意识地强迫孩子过度愉快，允许孩子遭受挫折，有处理自己的负面情绪的机会；好父母不需要面面俱到，可以在一些事情上撒手不管，让孩子自己去面对生活、学习和人际关系中的问题；好父母能够对孩子的行为方式和需求感同身受，最大程度上认同和尊重孩子的差异。温尼科特认为"足够好的父母"所具有的一切都基于对自身、对孩子的爱，这种爱包含着自我妥协和亲密专注地倾听孩子。

如果你期待自己在亲子沟通中不再充满自我矛盾，一定要学会允许孩子的生活中有不愉快的事情，你不需要事事包办，而是应允许孩子表达自己的情绪和需要，也允许自己表达真实的情绪和需要。

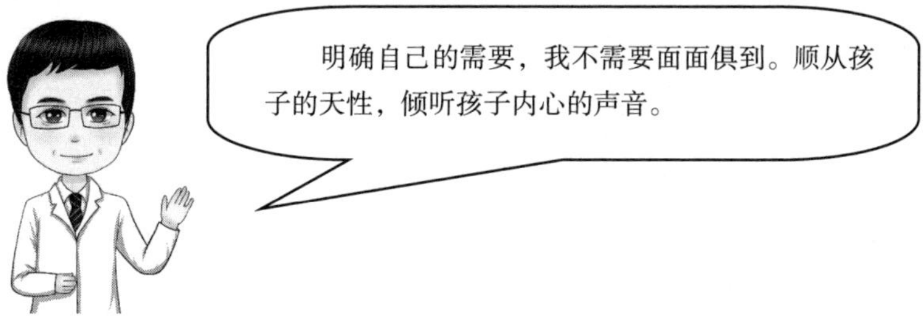

J女士对于自己工作和照顾孩子顾此失彼的状态，可以有这样的一种全新的自我对话：“我可以做足够好的母亲，我可以把家务完全交给家政阿姨，尽可能放手让孩子自觉学习，每天花20分钟听听孩子的需要，因为我最看重亲情。”

停一停，想一想

在亲子沟通中如果出现了负面情绪，我是如何自我妥协的？

____

____

用更合理的方式表达你的情绪

在亲子沟通中存在情绪问题的父母基本分为两种：一种是像J女士一样“易燃易爆，一点就炸”，情绪反应极为激烈的；另一种是自我非常压抑，对待孩子总是如春风拂面，即使内心已经波涛汹涌，表面上仍然非常平静，生怕自己任何微小的负面情绪会影响到孩子的。前者固然会给孩子造成不良影响，然而后者的负面影响却更加隐秘和持久。

“在亲子沟通中一定不能带有负面情绪”的想法是亲子关系中最大的误解，殊不知过于压抑情绪与过度宣泄情绪一样，也会成为亲子沟通和孩子成长的障碍。父母在沟通中压抑自己的情绪一方面会让孩子无法准确判断父母在沟通中要表达的真实意愿，另一方面也会让孩子在与其他人沟通时变得格外脆弱、无法承受他人任何的情绪反应。对于父母自己而言，压抑的情绪会让自己更容易陷入无能为力的体验或者讽刺、挖苦、唠叨、抱怨等不良表达方式中，甚至产生头痛、胃肠道反应等心身障碍。

我们要知道的是，喜、怒、哀、乐、悲、恐、惊等各种情绪是人类的正常反应，虽然我们会把愤怒、悲哀、恐惧等称之为负面情绪，但这并不意味着它们一无是处。适度的负面情绪反应可以帮助我们释放内心压力，减少对自己和他人的攻击。所以每个人都要学会合理地表达情绪，包括正面情绪和负面情绪。

合理地表达自己的情绪，首先要明确该怎么看待自己和孩子的言行。例如，孩子不好好吃饭，如果你认为孩子是在跟你赌气，你就会生气；如果你认为孩子胃口不好，你就会关心孩子，并对孩子的健康感到紧张；如果你意识到孩子是在用这样的方法吸引你的注意、期待你的帮助，那你就会和孩子分享情感，建立深入沟通的渠道。

因此，当你在亲子沟通中出现情绪问题的时候，首先要做的就是深呼吸，安静地站着或坐着，什么也不要说、什么也不要做，用第一人称承认情绪，如“现在我很愤怒”“我为此感到忧虑”。停在这个情绪中一小会儿，感受一下这个情绪带给你的感受，如“血往上冲”“头痛”“心慌”“肚子胀”“扎心”。想一想，我认为现在发生了什么事情，我的感受是什么？这种感受来自何种未被满足的需要？我现在有哪些想法？这些想法来自哪里？

如果此时你的脑海中出现了诸如“如果 × × 指责我怎么办”之类你为他人言行负责的想法，一定要停一停，回到你自己的感受和需要当中，切记即使是一个孩子也要对自己负有不可推卸的责任，却不需要也无法为他人的言行负责。

停一停，想一想

在亲子沟通中，最容易引发你负面情绪的一些情景及与其相关的情绪、感受、想法、未被满足的需要有哪些？

情景	情绪	身体感受	想法	未被满足的需要

其次是倾听孩子，事情发生之后，孩子一定也会有他的感受、想法以及未被满足的需要。当我们的心情平静下来之后，用心倾听孩子的所思所感所想，让他感受到来自父母的理解，孩子也许就更愿意听一听父母的感受和需要。否则，孩子很难像成年人一样平静下来。

再次，你要说出自己在一个具体事件中的情绪以及引发情绪的想法。例如，孩子的班主任跟你说孩子在学校里和同学发生了冲突，期望你约束一下孩子。如果你跟孩子说："今天我听到你们班主任说你在班上和同学打架了，我感到很愤怒，因为我看重秩序。"孩子听到你的情感表达和需要，也许会愿意跟你说他的需要，并解释他为何在学校破坏纪律，而不是理直气壮地把自己的想法和行为当作理所应当的事情。

有的时候，孩子的言行非常糟糕，你也完全可以用激烈言辞呈现你的愤怒、悲伤、忧愁、痛恨，让孩子更清晰地意识到事情的严重性。不过，切记所有的情绪表达一定要建立在你对自己和孩子的生命热爱之上，绝非因为面子、金钱和逃避责任、羞愧、惩罚等因素。

最后，我们还要知道一件事情就是，不论是生活还是亲子沟通，问题的解决常常不是一蹴而就的，有的问题甚至始终无法得到解决，有时你需要等待，有时你必须放弃，这就需要与自我和解，再次回到感受和需要中，和自己在一起，而非和虚妄的期待在一起，这样才能接纳生活、孩子和自己的不完美。

停一停，想一想

在你的亲子沟通中哪些情况下你合理地表达了情绪？是如何表达的？

____

____

在亲子沟通中出现愤怒等负面情绪时，你通常的反应如何？是否有效？

____

____

如果你做出了努力仍然无法解决亲子沟通中的问题，你会如何与自己和解？

____

____

一直以来，J女士都因自己莫名其妙地对孩子发火而内疚，在学习观察感受、表达需要之后，开始学习和自己和解，让自己变成情绪的主人。

我：我们注意到你的愤怒总是和乐乐的学业联系在一起。你能举一个具体的例子吗？

确定和情绪相关的重要因素。

J女士：昨天上午，我就是因为看到孩子上课睡觉，感到火冒三丈。

我：所以，你认为你的情绪是由孩子没有认真听课造成的。

J女士：我想我可以换一种想法。我感到火冒三丈，是因为我认为被孩子尊重的需要没有被满足。其实，孩子平时还是挺尊重我的，帮我带妹妹、做家务，除了爱磨蹭、上课睡觉，这孩子似乎也没什么毛病。

我：当你意识到孩子积极的一面，而不是只盯着孩子的问题时，你的情绪看起来好了很多。

J女士：是的，其实想想乐乐还是挺好的孩子，她的房间总是整整齐齐，书包从来不用我收拾，也不要求买各种名牌。

发现情绪背后被遗忘的内容。

我：你期望乐乐不仅乖巧，还要学业出类拔萃。

J女士：我要求也不算高，就是想让她考到前10名，这样才能在小升初考试中考上好学校。

我：乐乐考上好的学校，可以满足她什么需要？

J女士：考上好学校才有未来。满足乐乐安全的需要、尊重的需要、幸福、自我实现的需要……

我：乐乐考上好学校会满足你的哪些需要？或者如果乐乐学习不够优秀，会让你的哪些需要得不到满足？

J女士：我的自尊心会得到满足。不对，这样想意味着我在回避自己的责任。乐乐学习不好，会让我觉得我不是一个好妈妈。乐乐考上好学校会证明我是一个好妈妈，还能让朋友羡慕我有一个好女儿。

我：你期望乐乐学习好、考上好学校的动机是避免愧疚和为了自己的面子，是吗？

J女士：是的，乐乐考上好学校是一件好事。但是我一直催促乐乐考得更好的动机似乎并不是满足我或者乐乐的需要。

我：我们再换一个角度，回到你一定要陪伴乐乐上课外班的问题上来。你想过没有，你为什么要陪孩子上课外班。

J女士：不陪她，她就不会好好听课。这样是否意味着我在帮孩子承担责任呢？当然，陪孩子上课还因为别的父母都会陪着孩子，而且我也不放心孩子一个人走那么远去上课，要过三条马路呢。

我：你注意到没有，你没有给孩子足够的信任，你做这件事情是因为环境影响，而并非你和孩子的需要。

J女士：没办法，大家都报课外班，上学期没有报，孩子的成绩就明显下滑。

我：你和孩子都感到这是一件很无趣的、不得不做的事情。我想孩子每次上课都很蔫吧。

J 女士：我似乎又使用了“不得不”，把事情归咎于外界的压力。

我：课外班不仅孩子不想上，你也备感压力，在这种压力下你的愤怒情绪尤其容易被激发。你是否有另外的想法，可以让你和孩子变得富有生命力一些？

J 女士：不上课外班？可是不行啊。

我：你为什么期望孩子学业名列前茅？

J 女士：为了她将来好啊。

我：你对你和孩子的生活有什么样的想象？

J 女士：过着普通人的生活，有一份稳定的工作，不用我们操心就可以了。

我：听上去要求确实不高，不知道孩子有什么期待吗？

J 女士：她说她将来就想开一个花店。每天卖卖花、看看书，就像一个花仙子一样。

我：听到孩子说的未来，你的感受如何？

J 女士：我很失望，我觉得她应该过得更好一些。

我：你期待孩子过得更好一些的动机是什么？

J 女士：让孩子更快乐。

我：你觉得孩子长大以后成为一个花仙子快乐吗？

J 女士：想想也挺快乐的，但是开个小花店就满足了，档次太低了吧。

我：你刚才说孩子快乐就行了。

J 女士：开花店不稳定啊，要是花店倒闭了，不就不快乐了吗？

我：听上去你为孩子的说法感到焦虑、不安。你有什么证据证明你的孩子不擅长开花店，又有什么证据证明孩子擅长开花店吗？

J女士：其实我家乐乐挺招人喜欢的，还挺有艺术细胞，经常摆弄家里的花，挺像回事的。我就是觉得孩子长大开花店挺丢人的。

我：你认为自己对乐乐的期待动机一部分来自你的面子。有没有更富有生命力的动机可以满足你和孩子的需要，让孩子对学习感兴趣？

J女士：我明白了，您的意思是说我没有真正关注到孩子的需要。我想的是孩子如果考上好的大学，将来挣更多钱、受人赞扬，但这些动机并不能让孩子的生命变得富有生命力。我需要和孩子一起发现让自己和孩子变得富有生命力且更有建设性的动机。

深入了解行为的动机。

我：你经常会担心孩子学习不努力，你和孩子都会被老师说。你认为你可以避免这样的事情发生，所以尽可能地督促孩子努力学习。

J女士：我开始意识到，自己发火的相关事件的动机常常与希望他人赞扬、金钱、避免惩罚和愧疚有关。

接下来，J女士尝试和女儿乐乐进行了一次与以往不同的沟通。

J女士：昨天上午我看到你在课堂上睡觉，感觉失望、生气。

用更合理的方式表达情绪。

乐乐：可是我听不明白老师在讲什么。

J女士：如果你愿意，可以和我谈谈你如何看待数学课外班吗？

乐乐：我想上课外班，同学们都在上。

J女士：还有吗？

乐乐：我数学学得不太好，上了课外班之后成绩好多了，老师都表扬我进步了。

J女士：你认为数学课外班有意思吗？

乐乐：其实数学还挺有意思的，尤其是应用题，有时候挺好玩的，就是有的题太难了，弄不明白的时候我就特别着急。越着急越听不懂，听不懂我就特别容易困。真的！

非暴力沟通让每个人都变得富有生命力。

J女士：嗯，听上去你还挺喜欢数学的，数学可以满足你求知的需要，就是学起来有点困难。你愿意和妈妈一起想办法解决这个问题吗？

使用更有创造性的表达方法，并承担责任。

乐乐：当然想，就是以前你老是骂我，跟你说了也没有用。我的同学笑笑说可以找个一对一的老师，专门辅导一个学生。笑笑的数学原来和我差不多，现在的成绩排名都进前10了。

J女士：妈妈很高兴听到你能积极地想方法去解决问题。这周我们去上课的时候可以问问像你这种情况，一对一辅导的效果如何。

乐乐：妈妈不乱发脾气真好。

管理情绪从感知和允许自己表达开始

情绪管理可以让父母在亲子沟通中更关注自己和孩子的需要，愿意承担责任、理解包容，让沟通更加有效，而亲子沟通中不恰当的表达则会导致沟通不畅甚至失败。所以父母们要学习一些情绪管理的具体方法。

亲子沟通中常见的错误情绪表达有暴怒、狂怒、持续的焦虑、过度忧虑、经常哭泣或大哭、压抑情绪或无法觉察自己的情绪。其中持续的焦虑表达主要表现为唠叨和频繁催促，比如一遍遍地催促孩子去睡觉，而不是让孩子对自己负责。过度忧虑表现为对孩子负面情况的过度解读，比如孩子一次考试不好，就跟孩子说“考成这样将来只能去扫大街”。有的父母由于对情绪压制得太久而无法觉察自己的情绪，直到忍无可忍，情绪升级，如暴风骤雨般地大爆发。这种大爆发的结果是，孩子根本无法听到父母所表达的内容，只能看到愤怒，从而对父母采取防御性措施。

亲子沟通中的情绪管理首先是感知情绪，主要从以下两个方面来感知。

- 一是有意识地在沟通中训练自己觉察情绪，在前文和本章练习中有多个练习课供读者自我训练。
- 二是从身体反应觉察情绪，出现与生理疾病无关的头痛、肌肉紧张、胃部胀痛、无法入睡、呼吸不畅多与愤怒有关；出现与生理疾病无关的心慌、胸痛、胸闷、肌肉紧张、呼吸急促、恶心、消化道不适、慢性疼痛、麻木、不真实感、感觉和自身分离、濒死感多与焦虑相关。

情绪管理允许表达情绪。很多父母不敢在亲子沟通中表达自己的情绪，因为害怕自己的情绪失控而假装不生气，结果是让自己更不舒服；为了不让自己在沟通中失控，只能继续压制自己的情绪，形成无法表达的恶性循环。所以在学习情绪管理方法之前，父母们必须确认自己相信愤怒和焦虑是常见的情绪，它们尤其是愤怒具有强大的破坏力，同时也具有强大的能量，合理的表达有助于亲子间能量的流动，让沟通更富有力量、创造性和建设性。情绪一直得不到释放，最终会因累积太多无法压制而像火山喷发一样以破坏性的方式突然爆发，就像J女士对女儿有各种不满，在亲子沟通中经常压抑自己愤怒、沮丧、焦虑、失望等各种情绪，结果就会在某个微不足道的小事上突然向女儿爆发强烈情绪。

通过书写来管理情绪

把堵在你心里的东西写出来，将与负面情绪相关的事件、情境、想法、需要一一对应地写下来，找出可能与负面情绪相关的问题。写下来而不仅仅是将其放在心底，给自己大脑一个休息的机会，而不是将负面的感受和想法像过电影一样在脑海中反复播放。这样做有助于父母澄清与情绪相关的需要是什么，决定如何为自己负责，以采取积极行动寻找适当的方法满足自己的需要，问题解决可以降低压力改善情绪。

另外，写下来还可以更为直观、清晰地明确是哪些想法和情景容易激发自己的情绪；了解阻碍自己表达情绪的障碍有哪些，是情绪表达会导致对方反弹、情绪失控，还是其他原因；了解自己情绪的来源是压力、劳累、健康状况不佳还是其他因素。这有助于对情绪的评估以及重新构建与情绪相关的思维模式。

在上文中，J 女士在女儿乐乐上课不听讲的情景中的情绪反应通过表 7–2 记录了下来。

表 7–2　J 女士情绪相关的思维模式

事件 / 情景	想法	情绪	行为 / 身体反应	需要
女儿上课不好好听讲	孩子不把我说的话当回事	愤怒、沮丧、失望、焦虑	拿东西砸乐乐 血往上涌	支持

接下来，以亲子目标为导向，使用与目标一致的正性思维（见表 7–3）。把“孩子不听话”换成“孩子期望通过她的行为让我意识到她支持的需要没有得到满足”。不批判孩子也不自我批判，而是采取行动。当孩子说自己学习困难时不是全面否定孩子，而是根据孩子上课听不懂的内容有针对性地补课。在这个过程中要注意开放性地看待事情，而不是使用非黑即白的模式。即使孩子没有好好听课，也不要说孩子不是一个好学生，要承认孩子在语文和英语课取得的成绩，从而发展出积极的生活态度。

表 7–3　J 女士重建的思维模式

事件 / 情景	想法	情绪	行为 / 身体反应	需要	新的想法	新的情绪
女儿上课不好好听讲	孩子不把我说的话当回事	愤怒、沮丧、失望、焦虑	拿东西砸乐乐 血往上涌	尊重	孩子学习数学有点困难，她需要鼓励和支持	坦然、放松

写下来还有助于你提升为化解焦虑做出改变的意志力，让你的承诺得以实现。还可以让你对之后的类似事件做出更积极的反应，并给你提供一个反复练习的蓝本，让你可以跟踪自己的情绪变化，促进情绪管理。

积极的自我对话让你做情绪的主人

我们对自己特点的命名决定我们的思考和感受。一个人如果拥有自尊，就会把自己命名为积极的，就会更懂得照顾自己，更有精力，更容易快乐，产生更好的自我感受，生活方式会更有活力，更容易感受到幸福。如果一个人过于追求完美主义，就会陷入自我批判，把自己和家人命名为不够好的，为了让自己感觉好一些而强烈需要他人的认可，习惯取悦他人，压抑或忽视自己的需要，对未来产生消极的预期，导致挫败感和怨恨，让自己长期处于持续的紧张、焦虑、担忧之中。而且这些负面情绪会传递给家人，迫使周围人也陷入追求成就的持续压力之中。

所以，父母如果期待和孩子的沟通更有成效，在对话之前要先询问自己："我对自己的命名是积极的吗？我认为我自己是什么样的人？我有什么样的感受？我自己的内在需要如何？我如何满足自己的需要？我如何看待周围的人和周围的环境？在满足自己的需要基础上，我会如何满足家人的需要？"这样你也许会对自己说："我是一个积极的、愿意和孩子一起成长的、足够好的母亲，孩子也愿意和我一起成长，我和丈夫愿意相互理解建立爱的联结，我可以接纳周围环境并应对出现的挑战，现在我感到自己富有精力并能接纳周围的人和事，愿意通过自己的努力和周围建立更为积极的关系。"

积极的自我对话能让你更有自尊，对自己的情感体验负责，允许他人否定你的情绪。在亲子沟通中即使你和孩子"积怨已深"，在你感到焦虑、紧张的时候，孩子说"关你什么事"，你也能对自己说："孩子的话是让我关注自己有什么需要没有得到满足"或者"孩子之所以否定我的情绪，是因为他的需要没有得到满足"，而不是"孩子讨厌我""我是失败的家长"。

积极的自我对话需要你承认，不恰当的情绪表达方式是不被接受的。不恰当的愤怒表达包括压抑愤怒、暴怒和狂怒，这些都会导致无力感、焦虑、愧疚等心理问题，还会损害自己的身体，导致头痛、消化道问题、高血压。经常压抑愤怒的父母还会在沟通中使用讽刺挖苦、唠叨、抱怨、退缩、压抑、情感隔离的表达方式。让孩子最反感的常常是一些妈妈习惯于一遍遍地催促他做事情，一遍遍地叙述他犯的错误；一些爸爸也会使用“你怎么不上天”“哎哟，太阳打西边出来了”等讽刺性语言，此外过于冷静的分析也常常与压抑的负面情绪有关。

积极的自我对话需要家长放下强烈的控制欲，不再认为自己失去控制就是懦弱或失败。当你要求孩子 23：00 以前睡觉，他却在凌晨 1：00 还在刷手机的时候，不要认为你对孩子的教育失败了。你不需要对他人负责，你无法控制他人，即使他是你的孩子，他仍然是独立、独特的个体。你要对自己说：“我正在学习不去担心自己无法控制的事情，孩子晚睡属于孩子的问题，作为一个好妈妈 / 爸爸，我要做的是询问孩子有什么需要没有得到满足，引导孩子为自己负责，一步步做最好的自己。”当你不再试图控制孩子的时候，你对孩子、孩子对你的感受都会更加积极。

制订情绪管理计划，投入有效能的生活

情绪管理并非一蹴而就的事情，需要持之以恒，制订一个有助于自我尊重的情绪管理计划，调节行为、信念、态度，有助于你更有效、更快地改善自己的情绪，将生活方式变得更健康，让你和孩子更快学会在亲子沟通中合理地表达情绪。

1. 对自己做出承诺，重视幸福而非成功，让精神生活更加充实，可以让你培养积极的自尊。要学会从现实中寻找乐趣，生活不是生存，生活中有柴米油盐、琴棋书画，即使你的生活无比忙碌，你也要坚持自己对美的追求，在日常生活和爱好中找到属于你的美好生活。与你所爱的人共度美好时光，精心准备食物，把你的环境变得温馨，插花、绘画、香薰、写作都有可能成为你感受幸福的开端，让你减少焦虑和其他负面情绪。
2. 悦纳自己进行积极的自我对话。
3. 建立你的社会支持系统，与两三个心意相通的人建立持久亲密的关系，他

们可能是你的配偶、兄弟姐妹、父母、朋友，和他们交流你内心的体会、感受、需要可以让你获得对自己更为正面的评价。

4. 用八周的时间学会至少一种放松方法，通过深呼吸、肌肉渐进式放松或者想象式放松等适合你的方式，让你的身体习惯于放松而非紧张的状态。
5. 学会识别自己的各种情绪，使用你在前文中学会的情感管理表，将其与事件、情景、想法、需要、行为及身体反应联结到一起。
6. 明确焦虑背后的问题，处理你可以解决的问题。当在亲子沟通中遇到问题时，首先问自己这个问题是否在我的掌控之中。如果是，就考虑处理问题的方法，以及采取不同方法所得到的结果，做出决定并行动，如果失败就进行下一次尝试；实在无法解决的事情就尝试求助，如果求助也不能解决，就学会接受无法改变的事实，将注意力从应激源中转移出来，转向解决其他可以解决的问题。例如，一位妈妈在孩子分床的问题上遇到障碍，尝试了多种方法之后，孩子仍然晚上不敢一个人在自己房间里睡觉，在多次亲子冲突之后，她转而求助心理专家，通过沙盘游戏治疗，孩子解决了内在的不安全感，消除了对分床的恐惧。
7. 以尊重、温和的态度用“我”开头陈述自己的感受。
8. 情绪管理还需要你养成良好的生活习惯，包括充足的睡眠、有规律的有氧运动。结构化、有条理的生活非常重要。如果中午能花 10 ~ 20 分钟打个盹，也能让你有更多的精力应对风险和挑战，维持情绪稳定。

练习

一、在亲子沟通中你经常出现何种情绪？

____

1. 试着列出近期发生的出现这种情绪的三个场景：

（1）______________________________

（2）＿＿＿＿＿＿＿＿＿＿＿＿＿＿＿＿＿＿＿＿＿＿＿＿＿＿＿＿＿＿＿＿＿

（3）＿＿＿＿＿＿＿＿＿＿＿＿＿＿＿＿＿＿＿＿＿＿＿＿＿＿＿＿＿＿＿＿＿

2. 试着写出在这三个场景中你的想法：

（1）＿＿＿＿＿＿＿＿＿＿＿＿＿＿＿＿＿＿＿＿＿＿＿＿＿＿＿＿＿＿＿＿＿

（2）＿＿＿＿＿＿＿＿＿＿＿＿＿＿＿＿＿＿＿＿＿＿＿＿＿＿＿＿＿＿＿＿＿

（3）＿＿＿＿＿＿＿＿＿＿＿＿＿＿＿＿＿＿＿＿＿＿＿＿＿＿＿＿＿＿＿＿＿

3. 试着写出你的动机：

（1）＿＿＿＿＿＿＿＿＿＿＿＿＿＿＿＿＿＿＿＿＿＿＿＿＿＿＿＿＿＿＿＿＿

（2）＿＿＿＿＿＿＿＿＿＿＿＿＿＿＿＿＿＿＿＿＿＿＿＿＿＿＿＿＿＿＿＿＿

（3）＿＿＿＿＿＿＿＿＿＿＿＿＿＿＿＿＿＿＿＿＿＿＿＿＿＿＿＿＿＿＿＿＿

4. 如果你的动机没有满足你和孩子的需要，那试着在下面写下满足你和孩子需要的路径：

（1）＿＿＿＿＿＿＿＿＿＿＿＿＿＿＿＿＿＿＿＿＿＿＿＿＿＿＿＿＿＿＿＿＿

（2）＿＿＿＿＿＿＿＿＿＿＿＿＿＿＿＿＿＿＿＿＿＿＿＿＿＿＿＿＿＿＿＿＿

（3）＿＿＿＿＿＿＿＿＿＿＿＿＿＿＿＿＿＿＿＿＿＿＿＿＿＿＿＿＿＿＿＿＿

二、请列出你的情绪管理计划。

1. 你对自己做出的承诺：＿＿＿＿＿＿＿＿＿＿＿＿＿＿＿＿＿＿＿＿＿＿

2. 积极的自我对话，我是＿＿＿＿＿＿＿＿＿＿＿＿＿＿＿＿＿＿＿＿＿＿

3. 你的社会支持系统：＿＿＿＿＿＿＿＿＿＿＿＿＿＿＿＿＿＿＿＿＿＿＿

4. 放松训练计划：＿＿＿＿＿＿＿＿＿＿＿＿＿＿＿＿＿＿＿＿＿＿＿＿＿

5. 识别情绪与相关的想法，填写每日情感管理表：

事件 / 情景	想法	情绪	行为 / 身体反应	需要	新的想法	新的情绪

6. 明确亲子沟通中的问题：

____

____

____

7. 陈述你的情绪：

（1）当我因为__________与孩子发生冲突的时候，我感到__________；

（2）当我因为__________与孩子发生冲突的时候，我感到__________；

（3）当我因为__________与孩子发生冲突的时候，我感到__________。

8. 生活方式改善计划：

（1）睡眠：______________________________________

（2）运动：______________________________________

（3）生活习惯：__________________________________

三、放松训练

放松训练是指一种通过一定的程式训练，学会精神上及躯体上放松的行为疗法。其核心理论是放松可阻断交感神经系统兴奋，以阻断焦虑。放松过程要求环境安静，以减少外来刺激的传入；使用舒适的姿势，缓解肌肉紧张；精神专一，将注意集中于身体感觉或想象上。当思维或想象分心时，忽视无关刺激并重新集中注意力。

1. 深呼吸放松法。这是最简单的放松方法，可以让你的呼吸变得深而缓慢，会让你的身体反应更加放松，在这个基础上进行其他各种放松训练。

使用自然的坐、卧或站立姿势，双肩自然下垂，两眼微闭，然后做缓慢的深呼吸。深深地吸气，慢慢地呼气。吸气的时候腹部微微鼓起，呼气的时候腹部微微瘪下去。经过两周左右的训练，将呼吸的频率降到每分钟 2~4 次，一般持续数分钟便可达到放松的目的。

2. 肌肉渐进式放松。这是适用最为广泛的一种放松方法。保持深而缓慢的深呼吸状态，然后开始进行身体各部分的放松－紧张训练。

尽力睁大眼睛（停五秒左右），放松；紧闭双眼（停五秒左右），放松。尽可能地深吸一口气（停五秒左右），放松。尽力张大嘴巴（停五秒左右），放松；闭口咬紧牙关（停五秒左右），放松。尽可能地伸长舌头（停五秒左右），放松；尽可能地卷起舌头（停五秒左右），放松。舌头用力抵住上颚（停五秒左右），放松；舌头用力抵住下颚（停五秒左右），放松。握紧拳头（停五秒左右），放松；伸展五指（停五秒左右），放松。耸肩向后（停五秒左右），放松；提肩向前（停五秒左右），放松。保持肩部平直转头向右（停五秒左右），放松；肩部平直转头向左（停五秒左右），放松。屈颈使下颌触到胸部（停五秒左右），放松；肩胛抵住椅子，拱背（停五秒左右），放松。收紧臀部肌肉（停五秒左右），放松；收紧二头肌（停五秒左右），放松；收紧三头肌（停五秒左右），放松。伸腿并抬高15~20cm（停五秒左右），放松。尽可能地收紧腹部（停五秒左右），放松。伸直双腿，足趾上跷背屈（停五秒左右），放松；足趾伸直、趾屈（停五秒左右），放松。让身体的每一个部分都能精确地感受到紧张－放松的感觉，可以大幅度减少紧张，让身体更容易地进入放松的状态。

3. 身体扫描。在安静的环境中，仰卧在床上，将四肢伸展放平，使其有舒适的感觉，同时闭上眼睛，在深呼吸放松的基础上，始终保持深慢而均匀的呼吸。将注意力集中在自己的身体感觉上，想象有一束白色的暖流从你的头顶慢慢向下流淌。暖流流过你的额头，你的额头感到温暖而舒适。暖流流过你的脸颊，你的脸颊温暖而舒适。暖流流过你的下巴，你的下巴温暖而舒适。停顿一下，感受你整个头部放松的感觉……暖流流过你的脖子，你的脖子感到温暖而舒适。暖流流过你的右肩，你的右肩感到温暖而舒适。暖流流过了你的右臂，你的右臂感到温暖而舒适。暖流流过你的右手，你的右手感到温暖而舒适……暖流流过了你的左肩，你的左肩感到温暖而舒适。暖流流过你的左臂，你的左臂感到温暖而舒适。暖流流过你的左手，你的左手感到温暖而舒适。暖流流过你的左胸，你的左胸感到温暖而舒适。暖流流过你的右胸，你的右胸感到温暖而舒适。暖流流过你的腹部，你的腹部感到温暖而舒适。你的呼吸越来越慢，越来越放松……停顿一下，感受你整个上半身放松的感觉。暖流流过你的臀部，你的臀部感到温暖而舒适。暖流流过你的右腿，你的右腿感到温暖而舒适。暖流流过你的右脚，你的右脚感到温暖而舒适。暖流流过你的左腿，你的左腿感到温暖而舒适。暖流流过你的左脚，你的左脚感到温暖而舒适。你的呼吸越来越慢，越来越放松……你的整个身体都已经变得非常放松。你的心里安静极了，非常地放松，十分地自在……静默几分钟后，结束身体扫描。

N
o
n violent
Parent-child
Communication

第8章

与作为独立个体的孩子沟通

非暴力亲子沟通要求父母从尊重孩子开始：

- 把孩子当作独立的个体；
- 提出可执行的请求；
- 区分请求和命令；
- 与孩子一起建立请求目标；
- 在请求之前需要充分表达自己的需要；
- 请求之后需要孩子对请求做出反馈；
- 远离奖励和惩罚；
- 让孩子具备良好的社会适应性。

当你看到你的孩子或你的朋友踩脏了你刚刚拖得干干净净的地板，你的想法是否会不同？通常情况下，如果踩脏地板的是你的孩子，大概你会想“这孩子一点也不尊重我的劳动”，甚至是“这孩子是专门来气我的”；如果是你的朋友，你也许会想：“我应该早点拖地的，那样朋友来的时候，地板早就干了。”我们可以明显地看到父母在同样一件事情上，对孩子的尊重和同理心低于对朋友的。对孩子你会生气的事情，对朋友你却有可能心怀歉意。

这是因为大多数父母会把朋友当作一个独立的个体，会站在朋友的角度考虑问题，却不会站在孩子的角度考虑问题。孩子的身份像一个标签让父母更多地认为他们是自己的附属物，某些父母甚至会将孩子作为自己灾难的替罪羊，在极端的条件下还会把孩子当成出气筒发泄，甚至暴力相向。非暴力沟通要求父母一定要把孩子当作一个独立的个体，避免孩子的抗拒，让他和父母产生共鸣，听到父母的需要，接纳父母的请求，乃至会主动帮助父母，让沟通成为亲子之间爱的桥梁，而非怨恨的开始。

把每个人当作独立的个体

你、你的孩子、你的配偶以及其他每个人都期望自己是独立的、自由的、不被束缚的。自我们出生开始，一步步与父母分离，三岁完成第一个重要的分离阶段，青春期到成年期这一段时间，我们从寻找“自我”到完成自我的初步整合，成为一个完全独立于父母之外的个体。孩子在成长中非常渴望被当成一个独立的个体，即使是一个两三岁的幼儿，如果他们的自主权和自由受到限制，他们也可能会抗拒本来期待的事情。

我的一个学员的女儿在一年以前就强烈地要求父母带她去做心理辅导。但是当她的父母带她去心理机构之前对她说：“你就不能快一点，现在你必须在五分钟之内收拾好，不然就不要去了。”听到父母的话，女孩立刻站起身，愤怒地跑回房间锁上房门，拒绝父母，回应父母，以抗议他们的命令式要求。

男孩子对自由的渴望更加强烈，他们会一意孤行地抗拒明明知道对自己有益、心心念念的事情，只是因为父母说“你必须……”就开始反抗。我的一个学员就向我抱怨说她的儿子太敏感了，根本没法沟通。她举了一个例子，她儿子跟她说想健身已经好几个月了，一周以前她正好看见有一个健身中心开业优惠，就给儿子办了张健身卡，回家跟儿子说了，儿子却说什么都不去。孩子的爸爸问了好多次，才知道只是因为当天她说了一句：“妈妈给你办了健身卡，你必须好好练，不要半途而废。”正是这句话让孩子感到被妈妈控制了，为了摆脱控制，他宁可放弃期盼已久的愿望。

我们不应强迫孩子做事情，即使是对他至关重要的事情，你也要把他当作一个独立的人来引导他自主地选择。不要强迫孩子上学，不要强迫孩子吃饭，不要强迫孩子睡觉，不要强迫孩子阅读，不要强迫孩子放下手机，除非你找到了满足他的需要的其他路径，否则任何强迫都会让孩子抵抗。

当我们期望孩子按照我们的想法行动时，问问自己：“我为什么要他这么做，如果孩子做了，会满足我和孩子的什么需要？”真正让孩子心悦诚服的是你能够帮助他找到实现其愿望的路径。当你清楚地知道沟通目的，创造性地发现满足需要的路径，是解决和孩子之间分歧的重要因素，可以让孩子感到你们之间相互理解和关心、并相互尊重的。

妈妈：儿子，你之前一直想健身，所以今天我看到附近有健身中心开业，就帮你办了张健身卡。

区分事件中双方责任。

儿子：可以，有时间我去看看。

妈妈：我还带回来一张健身中心的课程表，如果你愿意，妈妈想听听你喜欢哪些项目。

儿子：我也不知道，看看再说吧。

妈妈：你之前告诉妈妈说健身让你更加健康，是这样的吗？

儿子：我想变强壮。

妈妈：你的意思是说健身还可以让你变强壮。

确定孩子期望满足的需要。

儿子：是的。

妈妈：你愿意和妈妈谈谈如何变强壮吗？

引导孩子确定满足自己需要的过程，做出承诺，而不是强迫孩子做出承诺。

儿子：我会每天去练胸肌、腹肌、上肢和下肢肌肉，我还挺喜欢自由搏击的，我觉得健身会让我放松，也会更加自律。

妈妈：你的意思是说你会自己安排好健身的时间，并且让自己变得更加自律。

强调孩子作为一个独立个体的承诺。

儿子：我想让我爸和我一起去听听教练的意见，制订一个合适的健身计划。

妈妈：好的，我会跟你爸爸说，晚上你和你爸商量一个时间一起去看看。

在这一段对话中没有对错、好坏、内疚和羞愧，妈妈通过语言的转化，向孩子传递了无条件的爱，让双方都改变了对对方的看法、态度和行为，既创造性地发现了满足需要的路径，也发展出了孩子新的积极向上的品质。

作为独立个体的孩子，有时还能迸发出超乎父母想象的能量。J女士在课程结束后的随访中跟我讲了一个她和女儿的故事。

有一天，她和她的直接领导在工作上发生了龃龉，她感到非常沮丧，担心自己因为还要长期和这样一位领导合作而再也无法平静工作。当天，回到家里她整个人仍然被沮丧情绪所笼罩。乐乐看到之后跑过来，像一个小大人一样坐在J女士的身边，对她说："妈妈，你愿意跟我谈谈你今天为什么这么不高兴吗？"

当乐乐伸出援手的那一刻，J女士感到被治愈了。她知道也许孩子并不能给她太多帮助，只能听一听她的忧伤。但在自己处于痛苦和困境的时候，哪怕只是一个小女孩站出来，依然给了她极大的安慰。

提出可执行的请求

非暴力沟通的唯一目的是满足你和包括孩子在内的家人的需要，让爱在家庭中流动，服务于你们的生命。当我们了解自己的需要，我们就会通过对孩子提出请求来使双方的生活更美好。

非暴力沟通的请求一定要具有可执行性。可执行的请求需要告诉孩子做什么，而非不做什么。最好包括明确的时间、地点、原因和行动计划。难度不要过高，通常是孩子稍微加把劲就可以达到的。

如果期望孩子做什么，首先需要记住要清楚地告诉孩子你希望他们做什么，而非不做什么。如果你请求孩子不做什么，很难让他具体执行，甚至很容易引起他的反感，从而会在你的面前竖起一堵墙。比如父母总是说不许上课迟到、不许做作业拖拉、不许和邻居家的那个学习不好的孩子玩。妈妈会看到一个不断地反抗的小孩，孩子通常的反应是我迟到会怎样呢？我不做作业又会怎样？我和邻居的孩子玩关你什么事？

我的学员们也经常会告诉我："我告诉孩子不要在学习的时候分心，结果孩子学习的时候始终无法集中注意力。"自己在做某一个重要的事情之前，如果告诫自己不要紧张，结果一定会紧张。因为当我们告诉自己不要做什么的时候，并不清楚自己应该做什么。我们告诉孩子不要做什么的时候，孩子更是不知道要如何做才能满足你的需要。

在课程中有一个孩子说他讨厌和妈妈说话，我问他："你期望妈妈如何对待自己？"他说他期望妈妈不要把他当作小孩子来管束。结果孩子的妈妈告诉我，她一直非常积极地鼓励孩子独自去做事情，以促进孩子的成长。通过我们的对话，我发现母子二人说的话都缺乏让对方"做什么"的具体内容，我只能帮助双方先学习列出他们的请求。

孩子写的是："只有我需要帮助的时候，妈妈才给建议，我不需要的时候，妈妈不要喋喋不休地指手画脚。”我指出这个请求有些笼统，母子两人对需要帮助的理解不一样。从我之前了解的信息中可以看出，妈妈认为孩子学业成绩下降的时候需要帮助，所以给孩子报了数学辅导课程，而孩子认为自己在学校里和同学沟通出现了问题的时候，才真正需要妈妈的帮助。

如果孩子说：“我希望爸爸妈妈在我和老师同学沟通出现问题的时候，在我需要改善学习方法又找不到途径的时候，在我对未来发展感到迷茫的时候，或者在我主动求助的时候才能给予我建议。”

在另外一些亲子沟通案例中，我们还可以看出。沟通中的请求过于笼统，不够清晰和具体，孩子无法理解父母的请求是什么，更无法达到父母的期待。例如，父母要求孩子“你把房间弄干净”“快一点下楼”“你再努力一点”等都是不准确和无法直接达成的。父母用过于笼统、模糊、抽象的语言表达请求，会让孩子感到很迷惑，不知道父母所说的“干净”如何达标，“快”是指几分钟，“努力”达到什么标准符合父母的期待。所以，亲子双方是无法就请求目标达成共识的，孩子要么会敷衍了事，要么战战兢兢过度执行，要么不知所措。

父母可以对孩子说：“我看到你的房间地面上的灰很厚，物品摆放也有些乱，我感到有些不舒服，我比较看重整洁，如果你愿意请把地扫一下，把物品摆放整齐，把废物丢进垃圾箱。”“距电影开演只有 15 分钟了，看到你还在找衣服，我有些着急，希望你能够在一分钟内穿好衣服和爸爸妈妈一起出门。”“你是否愿意每周多花一个小时做数学练习？”“妈妈没有听到你对这件事的回馈，我感到有些不安，你是否愿意告诉我，我用什么方法可以让你感到我不会因为你说的话批评你。”孩子可以对父母说：“当你未经我同意就进我的房间看我在做什么，让我感到不悦，我希望有更加独立的不被打扰的空间。”“当你翻看我手机上的通话记录的时候，我感到愤怒，因为我看重尊重，我期望爸爸妈妈能够让我自己决定和谁打电话。”这样的表达清晰、明确地呈现了说话人的观察、感受、需要和可执行的请求。不论这个请求是否可以立刻达成一致，都为接下来的沟通提供了良好的开始。

请求的难度过高也会导致孩子拒绝父母的请求。如果你对平时一直考 20 多名的孩子说“你是否愿意考前10名”的愿望明显是很难达成的。如果你对这个孩子说：“我看到你的月考只考了班上15名，感到有些失望，我和你妈妈期望你能够每天完成作业和复习功课之后再玩，成绩排名能在现有基础上再提高5%。”这个请求显而易见更容易被孩子接受。

停一停，想一想

下边的句子哪些是具体、可执行的请求？

1. 你是否愿意把厨房垃圾桶里的垃圾扔到楼下的垃圾桶里？
2. 你不要乱丢袜子。
3. 妹妹睡着了，你可不可以回你的房间里听音乐？
4. 我期望你名列前茅。
5. 你这次英语考试成绩不错，爸爸希望你的数学成绩再提高一些。
6. 你是否愿意和我一起想一想，如何找到一个自己每天带齐上学需要的所有东西的方法？

第1、3、6句是具体可执行的请求。第2句告诉孩子的是不做什么而非做什么，如果父母说“如果你把脱下来的脏袜子放进洗衣筐里，我会很高兴。”孩子会更愿意执行父母的请求。第4、5句爸爸的请求过于笼统，如果说“爸爸注意到你的数学期末成绩只有80分，我期望下次能考到90分”，会让孩子明确努力的目标。

区分请求和命令

很多父母跟我说：“我好声好气地跟他说了，他却根本不把我说的话当回事！”“我心平气和，他却越发来劲了。”当父母努力和孩子沟通之后，孩子仍然我行我素，父母在亲子沟通中很容易再次回到评判和指责之中。究其原因，多数情况下是因为父母把请求和命令混为一谈。

请求不是要求、不是命令，而是表达你的需要，提出可执行的请求，满足孩子需要的同时，让孩子更愿意满足你的需要。

有很多父母在学习了我的课程之后问我："我已经使用了非暴力沟通，在沟通的过程中使用观察而非评判，呈现了自己的感受和需要，也提出了请求，为什么孩子还不听话呢？"

我试着让这些父母把自己亲子沟通的过程录下来重听，结果他们很快就能发现自己在提出请求后不允许孩子提出不同意见。一旦孩子提出不同意见就情绪激动，甚至是暴跳如雷，而请求是允许孩子说"不"的。如果你听到孩子说"不"感到不高兴，或对孩子进行批评和指责，你的"请求"就有可能是要求和命令。我们一起看看下面的例子。

对话 1

妈妈：请你把盘子端到饭桌上。

儿子：妈妈，我正在写作业，写完再端盘子。

妈妈自己默默地把盘子端到桌子上。

对话 2

妈妈：请你把盘子端到饭桌上。

儿子：妈妈，我正在写作业，写完再端盘子。

妈妈：我今天太累了，期望能够得到你的理解。如果你愿意，吃饭之前把盘子端到桌子上。

虽然看上去两段对话都是妈妈请求儿子和自己一起做家务，实则对话 1 是命令，而对话 2 是请求。因为在第 1 段对话中，妈妈因为儿子没有及时满足自己的请求用自己的行为表达了自己的不满。在第 2 段对话中，妈妈允许儿子说不，为了获得孩子的理解，妈妈再次表达了自己的需要，提出清晰、可执行的请求。

如果父母利用孩子的内疚达到目的也是命令。不要让孩子处于内疚、羞愧、职责、义务或者害怕惩罚去做他们要做的事情，如果是那样，父母就会因此付出代价。

例如，“妈妈每天这么辛苦地送你上学，如果你愿意，每天多做一套练习题可以吗？”就是利用孩子对付出的内疚提出的命令而非请求，孩子很容易在回应父母的请求时阳奉阴违。

请求最终满足的是孩子的内在需要，而非仅仅满足父母的需要。如果你请求孩子做事情仅仅是出于自己的需要，也是命令而非请求。例如，“如果你愿意，去和叔叔阿姨打招呼，不要给我丢脸”。如果你所提出的请求只是满足你的需要，而不是家庭共同的需要，“请帮我做……”比“请做……”更容易得到孩子的积极回应。“请帮爸爸把公文包拿下来”比“把公文包给我拿下来”更让孩子更愿意帮助你做事情。但是如果是家庭的共同需要，不要说“帮”，因为这也是孩子的责任，要让孩子清晰地知道个人边界和家庭边界，这一点非常重要。也就是说，父母尽量不要说“帮妈妈洗碗”“帮爸爸扫地”“帮妈妈晾衣服”之类的话，而是说“和妈妈一起洗碗”“和爸爸一起扫地”“和妈妈一起晾衣服”，让孩子知道做这些事是家庭成员共同的责任，家庭成员共同承担责任也是一种爱的联结。

检验父母说的话是请求还是命令、要求，父母可以试着问自己：“假如我是孩子听到这个请求，我是否知道父母希望我做什么？什么时候做？是否可以满足双方的需要？”

我们可以从一位看重孩子的学业成绩、期待孩子能够主动自觉地去学习的妈妈使用的不同对话方式中，了解命令与请求的不同。

对话 1

妈妈：你放学回家第一件事就是写作业。你必须把这当作你的责任。

孩子装作听不见，拒不回应

妈妈：又想拖延？

孩子（大吼）：我不想写！

对话 2

妈妈：妈妈每天辛苦工作，我希望你体会到妈妈的辛苦，每天放学回来先写作业，按时高质量完成。

孩子：好的。

过了一会儿，看到孩子还没有写作业。

妈妈：怎么还没有写？

孩子：我肚子有点疼，先喝一点热水。

对话 3

妈妈：我看到你今天放学回来没有写作业，我感到有些不悦，因为我看重规则，我期望你现在开始写作业。

表达感受，提出请求。

孩子：我正在和同学组队，打完这一局就去写作业。

等待孩子完成游戏活动。

妈妈：今天你没有先写作业，而是花了 30 分钟打游戏。如果你愿意，我想与你讨论一下关于写作业这件事

对所发生的事情进行的观察，不加评价、指责和批评。

孩子：我知道要按时写作业，不过今天同学组队，我不能不上。

妈妈：你的意思是说你看重友谊。

询问孩子的需要。

孩子：都是我最好的朋友。

妈妈：你怎么看待写作业呢？

孩子：很没有意思，而且你几乎每天都催着我写作业，我觉得你在控制我。

妈妈：你是说我每天催促你写作业让你感到被束缚，你看重自由。如果我让你自主决定是否写作业、何时写作业，你是否会感到满意？

引导孩子不这样做的后果是什么。

孩子（嘟囔）：不写作业老师会批评，同学也会觉得我不好。

妈妈：你认为老师为什么会布置作业？

孩子：为了巩固白天学的知识。

妈妈：你认为自己为什么要学习？

孩子：为了将来考个好大学，有个好工作。

妈妈：你跟我说过，你期望将来从事航天飞机设计工作。现在你还有这个想法吗？

孩子：我不知道自己有没有这个能力。

妈妈：你期望自己能够通过从事航天飞机设计工作实现自我价值，但是有些担心，期望可以有更多力量帮助你，是吗？

孩子：之前你们从来不听我的，总是让我按照你们的要求将来从事金融工作，挣大钱。

妈妈：如果你愿意，爸爸妈妈和你一起实现你的愿望，好吗？

孩子：可是，航空航天大学很难考，我不知道自己是否有这个能力。

妈妈：我们愿意和你一起了解一些相关信息，支持你实现愿望。

孩子：其实，我就是比较迷茫。所以，有时候我很焦虑，不知道怎么办。但是我也不想完全按照你们说的做。

妈妈：你一直感到迷茫和焦虑，期待我们能够给你一些帮助。爸爸妈妈愿意每周花两至三个小时和你好好谈谈你的需要和我们的需要，制定我们共同的目标，好吗？

通过确认孩子的感受，充分体会是哪些感受和需要阻碍孩子说是。

孩子：好的，我先去写作业了。

在前两段亲子沟通中，孩子把妈妈说的话当作对他的操控，“自由”的需要无法被满足。在第三段亲子沟通中，妈妈从更为积极的角度与孩子分享自己的感受、需要，提出请求，和孩子探索他的需要及未被满足的需要。孩子意识到妈妈试图在关心他的幸福，是一种相互协作，增加孩子心甘情愿地回应你的可能性。在非暴力亲子沟通中，还需要一步步引导孩子自己发现问题和解决问题，减少直接告诉孩子问题是什么以及解决方案。

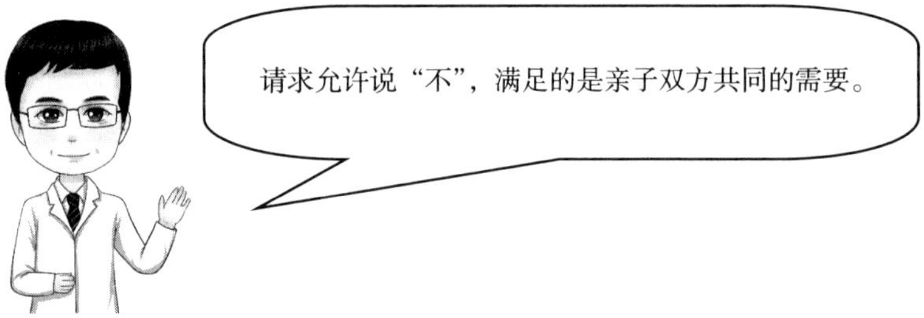

即使你的沟通完全符合非暴力沟通，孩子也常常会把父母的请求当作对他的管束和束缚。尤其是之前和父母在沟通中发生过冲突的孩子，会由于过去你常常指责他而不敢相信你，把你的请求看作命令。

孩子会认为，不满足父母的愿望自己就会被惩罚，觉得父母在强迫他，他只能在服从和反抗中做出选择，而非感受到父母的请求可以满足他的需要。这时父母可以给孩子一点时间，在孩子不顺从的时候还要倾听孩子的感受和需要，也有助于引导孩子倾听父母的感受和需要，观察孩子对父母所说的话的反应，了解感受、想法。

在一段时间里反复跟孩子说“我不是在发号施令，我说出我的请求，并不是要你一定要这样做，我期望知道如何才能让你相信这一点”有助于孩子理解父母的请求不再是一种强加给他的要求和束缚，让孩子适应父母的改变。接下来父母还可以再次提出自己的感受和需要，而不是把孩子行为看作不顺从，会更容易让孩子把父母的话当作请求，提升满足父母愿意的可能。

如果父母在沟通中放弃使用“必须”“应该”“不得不”等破坏性的词汇。孩子逐渐认可父母的请求是满足双方的需要。认识到父母请求他按时起床，不仅让他更轻松的到达学校，不用匆忙地往学校赶而感到过度的紧张，也会满足他被信任、被接纳的内在需要。

停一停，试一试

在过去的一段时间里，你对孩子的一次请求。

情景：______________________________

你的观察：______________________________

你是如何表达愿望/感受/需要：______________________________

你的请求：______________________________

你希望孩子如何反馈：______________________________

孩子听到你的请求后有什么感受：______________________________

提出请求，你做：______________________________

孩子如果把请求看作命令，拒绝反馈，或者反馈让你感到不舒服，你会如何说？

____

在沟通中向作为独立个体的孩子表达自己的需要

父母在和孩子沟通的时候都希望孩子能够关心自己，照顾到自己的情绪，理解自己的需要，得到满意的回馈，让沟通获得满意的效果。但是在实际的沟通过程中，父母和孩子缠结在一起，让双方都无法成为独立的个体，无从意识到自己的感受和需要，于是沟通效果就成了水中月、镜中花。

当父母对孩子说“我从来就没有见过你这么懒惰的孩子”时是一种亲子间的缠结，父母把孩子当作需要自己指导和教育的对象，而非能够自主决定个人成长的独立个体，同样也无法注意到自己希望被关心、理解、尊重、认可的需要，孩子也就更加无从得知父母的需要，他所听到的只有父母的指责和抱怨。如果父母能够对孩子说“我累了一天了，期望你理解我的辛苦，去扔一下垃圾”，孩子会意识到父母需要自己理解他们工作一天辛苦的愿望。

当父母问孩子：“你说约了同学上午 10 点在书店见面，现在怎么还不出门？”父母很可能把孩子当作自己的共生体，把孩子的守信当作自己的责任。孩子通常会把这句话看作指责。当父母对孩子说“现在已经 9:30 了，我担心你会赶不上和同学约定的时间，抓紧时间出门，可以吗”时，孩子会更容易接受，并有可能接收到父母对承诺的看重。

大部分亲子沟通有问题的父母，把孩子当作自己的一部分或者附属者，在说话的时候并没有意识到自己需要把感受说出来，无意识地使用了评判和指责，结果孩子把父母说的话当作指责、评判，内心充满了各种负面情感，为了不让这些情感破坏关系，孩子们只能对父母关闭了情感的大门，不去理解父母也更不会自由地表达自己的感受、想法和需要，也无法提出自己的请求。这些孩子失去了自我，既不会说我要什么，也不会说我不要什么，更不会表达自己的情感及需要。

亲子双方相互理解、情意相通的关键是各自作为独立个体，充分表达出自己的感受和需要，才能在恰当的情形下提出自己的请求和对不能满足自己需要的情景说“不”。

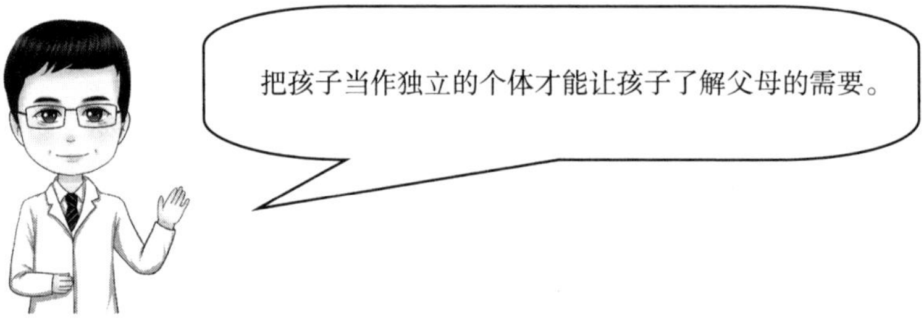

在沟通中进行内容反馈

把孩子当作独立的个体，需要承认孩子对你说的话可能有不同的理解，由于父母和孩子生活的轨迹不同，不能确保孩子准确地把握父母的意思，所以父母说完话之后，最好请孩子用他自己的语言对父母说的话进行一个总结性回馈。如果他的理解与父母的意思相悖，父母也有机会做出解释和补充。

当你说："看到你的房间情况，我感到很不舒服，因为我期望你是一个爱整洁的孩子，请你把房间打扫一下，好吗？"很有可能孩子只是稍微扫一下地，让你误以为孩子敷衍你。如果你可以在说完话之后要求孩子："请你用你的语言重复一下我刚才的请求。"孩子也许会说："你让我扫一下地。"你就能够纠正孩子的想法："我的意思是说让你把地扫一下，包括床、柜子、桌子底下都扫一下，然后把书桌和床上的东西清理一下，垃圾丢出去，书籍、文具、电子产品分门别类地放好。"充分解释的结果会使孩子对父母的意图更加清楚，根据这种清晰详尽的请求，孩子会感到内心更加安定，接下来的行为会符合父母的期待。

父母像平时一样让孩子丢一下垃圾，却激怒了孩子，会让父母感到莫名其妙。如果在提出请求的时候，让孩子重复一下父母的话，也许孩子会说，"前一天我已经和同学约好出去买东西，现在我的时间已经不够了，没法再去丢垃圾"，父母就不再会把孩子的拒绝当作不听话。

注意在这个过程中，如果孩子理解错误，父母尽量不要使用"这不是我的意思""你没有弄明白""你理解错了"这些容易被孩子误解为批评的话，而应说"我对我刚才说的话再做一下解释，我的意思是……"，父母还需要对孩子的反馈表示赞赏和感谢。如果对方不愿意反馈，要及时询问在听到父母说话时的感受和被满足及未被满足的需要。

另外，需要注意的一点是，很多孩子并不习惯于对父母的话做出反馈，他们觉得不自然、浪费时间或者担心自己的反馈不合父母的心意，或者误以为父母让他做出反馈是一种批评。所以，在要求孩子做出反馈之前，父母要解释反馈的意义和目的。

如果孩子强调自己已经听明白父母所说的话的意思，不想再重复一遍。父母说：“当我让你用自己的话重复一遍刚才我说的话的意思，你不愿意重复，你的意思是说你认为我让你这样做，是不相信你已经准确理解了我说的话，而你期望我能够尊重和认可你。”这样孩子就有可能因为被你理解而愿意听从你的请求，对你的话做出反馈。

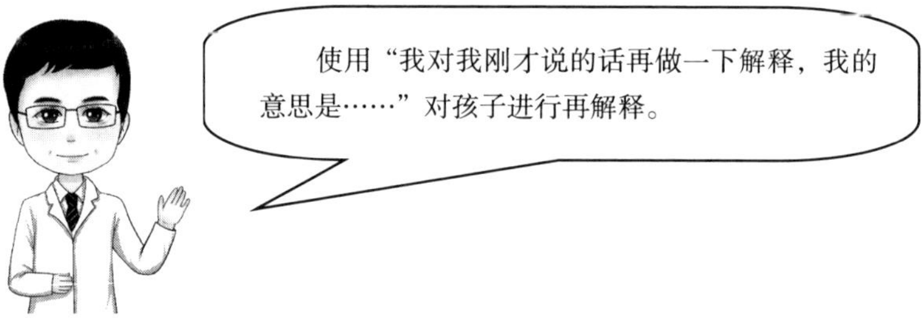

共同寻找满足需要的方法，让孩子学会独立

非暴力沟通中把孩子作为一个独立的个体，父母要充分调动孩子参与沟通的积极性，和孩子一起想办法找到一个满足亲子双方需要的方法。

父母要告诉孩子对他参与讨论感到高兴。使用“如果你愿意……”的句式让孩子明白你也期待孩子了解你的需要。“如果你愿意，我想听听你的想法……”“如果你愿意，我想知道你需要……”“如果你愿意，我想听听你的感受……”使孩子明白父母愿意倾听、了解他的想法、感受和需要，让孩子也愿意倾听父母的感受、需要和请求。

双方作为独立个体，父母一定要放弃控制孩子的企图，与孩子相互关心，彼此尊重，讨论沟通的目的；使用需要的语言，不使用好坏、对错这一类判断性的词汇，创造使双方都需要得到满足的优质联系，让双方都意识到满足需要和双方的幸福密切相关。例如，当父母在非暴力亲子沟通中将“你太不听话了”转化为“如果你愿意，可以告诉我你为什么对这件事有与我不同的看法吗？”这样就能帮助孩子学会使用不感到内疚的方式表达自己的需要，即使这些需要和父母的需要相矛盾。

例如，“听到你在学校里和同学打架，我感到生气，因为我看重秩序”，而不是说“你打架是错的”，或者用“看到你吃完东西把空袋子就放在床上，我感到不高兴，因为我看重清洁”代替“你是个邋遢鬼”。

带着同理心倾听孩子的想法，了解孩子所说的“你从来就不听我说”“你就不愿意理解我”实则在说他们需要父母带着同理心倾听他们的感受和需要。

当你的孩子悲伤、痛苦、忧虑的时候，首先需要的是关注和理解，父母的陪伴能让孩子的感受变得积极。用你的眼神、表情、动作和语言对孩子说的话、情绪、需要做出反馈。当孩子忧伤、无助、焦虑的时候，坐在孩子身边，或者抱抱孩子，对孩子说“听到你说你在学校里很孤单，我感受到你的忧伤”。通常孩子会愿意和父母多谈谈他所感受到的忧伤、不安、孤独、焦虑、愤怒，以及与其相关的想法和未被满足的需要。亲子双方会感受到倾听和被倾听需要满足的喜悦。

父母一定要记住不要盲目地给孩子建议，或误以为让孩子快乐就好。如果父母对孩子说“你需要让我做什么事让你能够开心”“你做了什么让同学疏远你”或者“上小学的时候你不是有很多朋友吗？现在你也很快会有朋友的”“你多说说同学感兴趣的事情就会有朋友了”，孩子很可能会充耳不闻甚至对你大吼大叫，你以为是孩子不听话，孩子会认为父母自以为是。孩子这时会委屈地想：“妈妈不理解我，妈妈不爱我。”

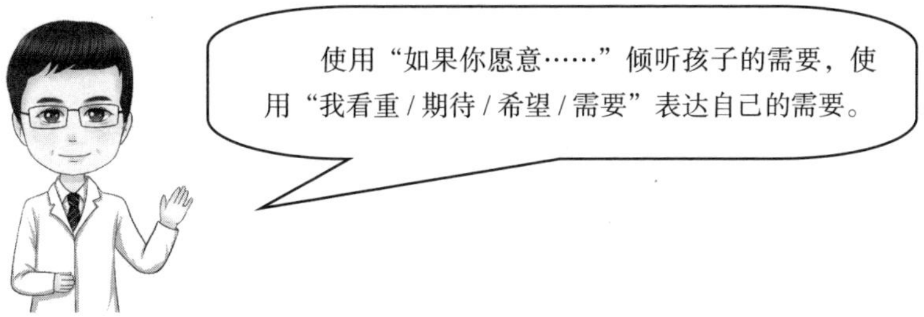

J 女士：你认为爸爸在打雷的时候还让你自己睡觉是对你的一种惩罚？

乐乐：爸爸讨厌我，他总是冲我大吼大叫。我不想在这个家里待下去了，我要去找姥姥。

J 女士：你的意思是说，当听到爸爸吼你，你感到很伤心，认为爸爸讨厌你。

情感和内容回馈，与孩子共情。

乐乐：爸爸不讨厌我为什么在我害怕的时候不让我上你们的房间睡觉，还吼我？

J 女士：如果你愿意，你可以和妈妈说说你需要什么。

乐乐：我想和你们在一起，妹妹可以晚上和你们在一起，为什么我不可以？

J 女士：你的意思是说，你认为妹妹晚上和我们在一起，而你却单独在一个房间里睡觉让你感到不舒服吗？如果感到不舒服，你能告诉妈妈是哪种不舒服吗？

乐乐：我觉得你们是一家人，我是多余的。

J 女士：你的意思是你感到被忽视了，需要爸爸妈妈对你的关注，是这样的吗？

乐乐：你们喜欢妹妹，不喜欢我。

J 女士：你期望我们和关注妹妹一样关注你，是这样的吗？

乐乐：我要的是第一位的。

J 女士：我很高兴你能够跟妈妈聊你的感受和需要。妈妈愿意多花一点时间和你在一起。

乐乐：我希望晚上和你们在一起，你陪我写作业，你陪我说话，陪我出去玩。

J 女士：我为你能够和妈妈开诚布公地谈话感到欣喜。同时对你的要求感到有些不安和失望，因为我期待乐乐是一个独立、勇敢的姑娘。

乐乐：就知道你不会答应我的要求。大人和小孩的想法永远不一样。

J女士：还记得你、我和爸爸一起讨论的目标“自信、健康、有爱心、自由、负责任”吗？你还认可这是我们共同的需要目标吗？

和孩子讨论双方共同的需要。

乐乐：当然，可是我不明白这个目标和我的要求有什么关系。

J女士：如果你愿意，可以和妈妈说说打雷的时候为什么需要爸爸妈妈的陪伴？

乐乐：当然是害怕了。

J女士：你不相信在打雷天自己一个人待在房间里是安全的，对吗？

乐乐：当然。

J女士：你不相信自己有足够的勇气面对打雷这件事，是吗？

乐乐：我不太明白。

J女士：我的意思是说，你认为没有爸爸妈妈的帮助，你自己没有办法面对打雷，是因为你不相信自己够勇敢。也就是说，你在面对打雷的时候不够自信。

乐乐：可是，我真的害怕。

妈妈：下次打雷的时候，妈妈会到你的房间陪你一会儿。你和妈妈聊聊你害怕什么，你会如何应对打雷时候的恐惧，好吗？

乐乐：好的。

妈妈：乐乐正在长大，期望能够自信、独立。我们就从拥有自己独立的时间和空间开始好吗？

与孩子共同建立请求的目标

我们的请求一定要有符合我们总的亲子目标，请求的目的一定不应是为了改变孩子，记住孩子不附属于你，他是独立的、独特的，沟通要顺应孩子的天性，目标要符合孩子的需要以及与孩子建立爱的联结，而非仅仅满足我们自己的需要。孩子回应我们的请求，做出改变是出于对生命的热爱，并相信你是真的爱他，你们彼此尊重，沟通兼顾双方的需要。

在这个基础上，我们和孩子通过共同制定一个具体的请求目标，比如亲子目标是期望孩子负责任，父母在要求孩子扫地时，会请求孩子能够清洁房间的每一个角落，而不仅仅是目光所及的地方。作为父母在提出自己的请求时一定要明确地把这些说出来，这样孩子的行为才能更符合你的心意。“如果你愿意，请把地扫一下，尤其是墙角和柜子下面容易被忽略的地方。”

建立请求的目标可以让孩子用父母期待的方式理解父母的感受、需要，与父母建立共同的目标。没有人天生清楚地知道对方需要什么，即使他是你的孩子或父母，你一定要告诉对方怎么做才能让你期望的事情变成现实。

有些学员和求助者会告诉我，因为在沟通中常常因为目标不明确，让沟通变得又累又麻烦，还没有成效。所以，为了发现亲子沟通的目标，父母们需要在平时通过家庭互动活动与作为个体的孩子多做联结亲子目标的沟通，通过这些联结共同发现双方的感受、需要，建立细化目标。

我有一个学员 F 女士，她孩子的高考成绩在全省排名靠前，但她仍然期望孩子的成绩有进一步提高。可是她对孩子的期望不过是有一份稳定的工作，开开心心，未来有自己幸福的家庭。这两者的矛盾让这位妈妈和她的孩子都感到很困扰。

我：你的意思是，你对孩子未来的期待不过是做一名普通职员，有一个幸福美满的家庭。

F 女士：我的要求真的不高。

我：你认为以你女儿的成绩能够考上哪类高校？未来的发展如何？

F 女士：我只是期望她未来的生活会更好一些。

我：你认为你女儿自己的需要是什么？

F 女士：她喜欢快乐、自由。

我：你认为她的需要是快乐、自由。你对女儿的期待与她自己的需要一致吗？

F 女士：不一致。

我：你可以用什么样的具体目标帮助孩子实现她的需要。

F 女士：这对我非常困难。

我：你是否可以花一点时间和女儿谈一谈你们双方的感受和需要。

接下来 F 女士断断续续花了一周的时间和女儿讨论了她对妈妈期待的感受和需要，F 女士也和女儿表达了自己的感受和需要。

我：你和女儿已经讨论了一周时间，能以一个具体事例谈谈你和女儿的沟通情况吗？

F 女士：周二女儿和我在家谈到她的未来发展方向。女儿认为自己应该考得更好一些，本来期望自己能够考上更好的学校，但是现在的成绩有点不理想。她说的话让我感到有些沉重和焦虑，因为我看重相互之间的爱，我期望我们能够谈谈她的未来发展。当时我希望她能够反馈我的爱的表达。但是她跟我说她很烦，不想谈这些事情。女儿拒绝讨论让我感到很沮丧，有些怀疑自己是否真的能够改善和女儿的沟通。

我：你认为你的女儿那时候的感受如何？

F 女士：她说她很烦。

我：你认为她有什么需要没有得到满足让她感到烦躁。

联结需要。

F 女士：她也许会想我不理解她。可是我是她的妈妈，怎么会不理解她呢？

我：你认为你和女儿的关系如何。我的意思是说，你认为你和女儿是否都是独立的个人，同时也是用爱联结在一起的母女关系。

强调把孩子作为一个独立的个体。

F女士：你的意思是说，我没有把女儿看作一个独立的人。可是，她还没有成年，还独立不了。

我：我们呱呱落地的时候就已经是一个独立的个体了，在最初的三个月我们和父母的关系非常紧密，之后就需要慢慢学习独立。到青春期，我们应该基本上独立于父母了。你感受一下当你把女儿当作一个独立的个体，她感到烦躁的时候，你想如何发现她的感受、需要以及背后的想法。

父母需要了解一些关于孩子心理发展过程的知识，以便与孩子建立有效的亲子关系。

F女士：把女儿当作一个独立的个体很难，总觉得她还需要我的陪伴和帮助。虽然她一直说她需要我的理解、给她更多的自由，但是我觉得挺理解她，也挺放手的。可是，当你让我说她的感受、需要和想法的时候，我突然发现自己好像也没有那么了解她。我该如何做才能够做到这一点？

我：当你的女儿说她没有考好，感觉有点烦的时候，除了需要理解之外，还有哪些需要？

F女士：尊重、自尊、成就、支持、梦想的实现、激励、表达悲伤，我是不是说得太多了。

我：不多，作为一个独立的人，我们常常会赋予重要事件很多意义，期望它能够满足我们很多的需要。从你说的女儿这么多的需要来看，你真的很爱她，也比较了解她。完全可以从这些你女儿可能的需要入手，找到和女儿沟通的路径。比如，你可以从表达悲伤的需要开始。

F女士：如果从女儿表达悲伤的需要开始，我有些担心女儿情绪失控，我：情绪的表达对我们每个人都很重要。有时确实会有失控的危险。如果你让女儿表达情绪后，她的情绪失控了，你会如何做？

F女士：我会说没有关系，考上其他学校一样可以成才。

我：在你过去的经历中，这种表达有效吗？

F女士：就是没有效果我才这么担心。

我：在你过去的类似经历中，有效帮助女儿的例子有吗？

F女士：在我女儿中考的时候，她觉得自己考不好，我也不知道说什么，就只能抱抱她，结果她哭了一场，之后考得还不错。

从过去的经历中寻找资源。

我：在你女儿中考的时候，你的情感回馈帮助你女儿渡过了自己的情绪危机。想象一下，如果你现在用同样的方法会有效吗？

F女士：是的，我女儿昨天还说想让我抱抱，什么都不用说就可以。你的意思是说安抚动作有的时候也可以满足孩子的需要。

我：抚慰的动作可以起到支持和允许表达悲伤的作用。沟通不仅仅是使用语言，还有表情、行为等多种方式。只要和你的沟通目标一致，你就可以灵活地使用各种沟通方式。

强调沟通目标。

F女士：我和孩子的沟通目标应该是满足她的需要？

我：你的女儿是独立的个体，你也是独立的个体，亲子沟通的目标应该是满足你们双方的需要。你要相信沟通不是为了改变孩子也不是为了改变自己，亲子沟通中可以找到双方都满足需要的方法。

F女士：我女儿的需要是尊重、自尊、成就、支持、梦想的实现、激励、表达悲伤，我的需要是尊重、理解、亲密关系、奉献、意义、自我价值。在我女儿高考失利这件事情上我们是否就是相互尊重，我允许她在我这里表达悲伤可以满足自己奉献的需要。我想我可以抱抱孩子，倾听她让她把心里话都说出来，而不是高高在上地给她出主意。

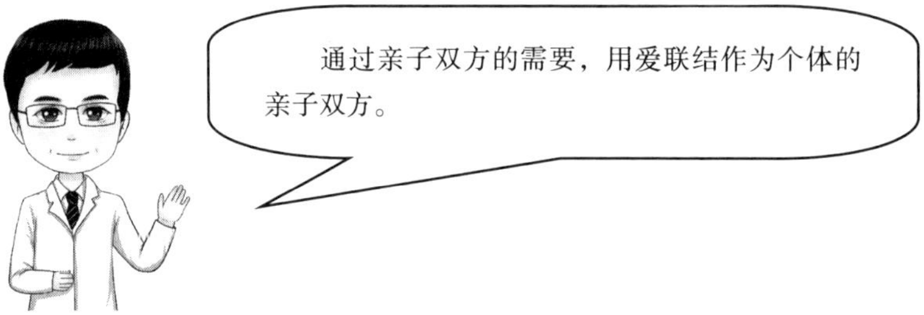

远离奖励和惩罚，让孩子更独立

在成年人看来，未成年孩子的行为常常是不可理喻的，他们经常会不遵守规则，违背自己的承诺，无理取闹，以至于父母不得不一次次惩罚孩子的这些错误行为。非暴力沟通的理念则有所不同，强调把家庭变成无错区，认为我们可以合理惩戒孩子，但要注意惩罚的局限性。非暴力沟通理论认为，惩罚会让孩子感到父母试图在控制自己，威胁到了个人的自主权，导致亲子间的敌对。

奖励和惩罚隐含着对事情对错的评判，对孩子而言都是一种被动的接受，而不是基于双方共享权利、相互信任、彼此倾听、相互尊重、相互给予，因此在亲子关系中不要过度使用奖励和惩罚。如果父母经常使用“你考到前三名，我们暑假就去迪士尼乐园玩”“你坚持一星期不打电子游戏，妈妈就让你满足一个愿望”等奖励性的语言，或者使用“如果这次数学考试你再考不及格，就取消你三个月的零花钱”“你再不回自己房间睡觉，就不用睡觉了”之类的惩罚性语言，都是在暗示孩子不能自主地做出适合自己的选择，只能听从父母的命令、要求和期待。

非暴力沟通是出于自愿为他人的付出的渴望，而非为了避免惩罚和获得奖励。在沟通中倾听他人试图传达的信息并表示理解，不要急于给出建议、解决问题，亲子双方要充分表达感受、说出自己的需要，使用不加评判、不含命令、威胁的语言。父母在沟通中尽量使用“如果你愿意，你能告诉我你对这件事的感受、想法和期待吗”，帮助孩子发现被忽视的需要，在充分倾听孩子的基础上，向孩子表达自己对事件的想法、感受和需要，让亲子双方尽量情意相通。

当我在课程中提示父母在亲子关系中尽量不要使用奖惩来控制孩子时，他们会告诉我“这太难了，不使用奖惩，我如何让孩子听从我”，其实他们是把“习惯”和“自我”混为一谈了。父母习惯给孩子下命令、判断对错、提建议，这缘于父母将“孩子”这个概念定义为从属而非独立的基础上，来自父母对自己需要的忽视。当父母意识到双方的需要才是和亲子沟通的前提，亲子沟通充满理解和尊重，充满彼此的喜悦，不使用惩罚、奖励、指责或内疚就成为可能。

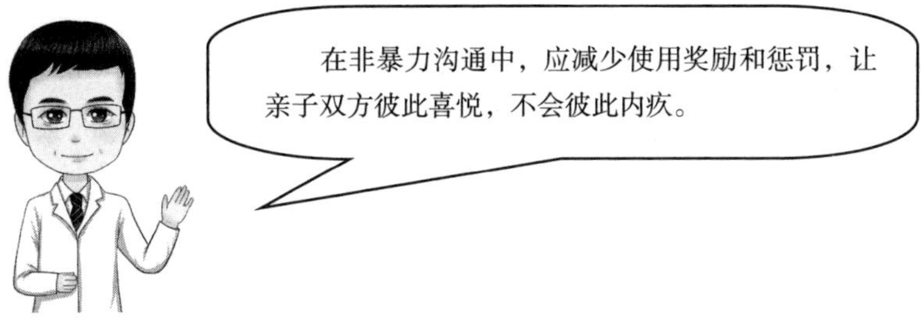

在孩子不听从自己的请求的时候，很多父母的内心会不自觉地充满了要惩罚孩子的欲望。这时候要给自己一点缓冲的时间，通过深呼吸让自己放松下来，告诉自己：“孩子是一个独立的个体，他的价值观念和我不同，我要抛弃评判式的沟通模式，努力厘清孩子的需要。”审视自己的内心，看一看自己是否牢记亲子目标，使用非暴力语言与孩子交流，倾听孩子的需要，向孩子表达无条件的爱与尊重，以尊重孩子的方式表达自己的需要，请求孩子实现你们共同的需要。

J女士：乐乐，我已经跟你说过好多次了，你上课再不好好听讲，你的数学就完了。我不是在指责你，我只是为你担心。

乐乐：我知道你在关心我。

J女士：你上数学课的时候能不再睡觉吗？

乐乐：我自己也想做到，但是我做不到。

J女士：我并没有因为你上课睡觉就认为你是个不爱学习的孩子。我期望你能够试一试上课不睡觉。

乐乐：我还是对自己很失望。

J女士：你很想认真听讲，但是你有点不自信。

乐乐：我试了很多次，可是每次上课听不懂的时候就会犯困。

J女士：你想让我想办法让你听懂数学课吗？

乐乐：是的，有一些地方我就是弄不明白。

J女士：妈妈找个一对一的老师帮你理解这些难点，怎么样？

乐乐：我不知道一对一的效果如何。

J女士：如果你愿意，我们可以试听几节课。

如果父母无论说什么，孩子都听不进去，是因为他们还没有明白父母请求他做的事情对自身有什么价值。是把父母的请求当作命令，又不知道如何维护自己的自主权。自主是当代孩子非常在意的需要，也是孩子表达“我是一个独立个体”的呐喊。多数孩子期望通过这种方式表达自己期望“我要做”而非“父母要求我做”，更不是“父母强迫我做”的强烈意愿。因此，只有孩子意识到父母请求他做的事情对他的价值，他才会愿意相信父母的爱，顺从父母的意愿。

J女士：乐乐，你和爸爸一起去超市买一些食材回来。

乐乐：我为什么要去。

J女士：爸爸需要你帮他照看东西。

乐乐：我不想理他。

J女士：你的意思是你还在生爸爸的气。

乐乐：他老让我做我不喜欢的事情。

J女士：如果你愿意，你可以在和爸爸去超市的路上跟他谈谈。

乐乐：他不会听我的。

J女士：你可以现在就问一问爸爸是否愿意听一听你的想法、感受和需要。

乐乐：我不想问他，每次问他，他都很不耐烦。

J女士：如果你愿意，我可以帮你问问爸爸。

J女士和丈夫沟通之后，和丈夫达成了一致。

J女士丈夫：乐乐，爸爸愿意听一听你的想法、感受和需要。

乐乐：你不要老是吼我。

J女士丈夫：你的意思是说你期望我能够理解你的想法和行为。

乐乐：你要知道，我愿意学习，也愿意独立。但是我总是听不懂数学课，才不愿意去课外班；我怕黑，才想和你们在一个房间里睡觉。

J女士丈夫：你的意思是说，期望我和你妈能够帮助你解决听不懂数学课的问题，帮助你克服对黑暗的恐惧，是吗？

乐乐：我真的很怕黑，下雨打雷的时候更害怕了。

J女士丈夫：我和你妈都愿意帮助你。现在你愿意和爸爸边走边聊吗？

乐乐：我希望你能在我没有做好事情的时候告诉我如何做，而不是说我没用。

J女士丈夫：好的，爸爸愿意努力满足你的需要。相信爸爸爱你只是因为你是你，不是因为你做了什么或者不做什么。如果你愿意，你今天能够在爸爸让你照看东西的时候一直等在我们的购物袋旁边，直到爸爸放好东西回来吗？你可以用你的话重复一下爸爸说的意思吗？

乐乐：我会一直待在购物袋旁边，即使有好玩的事情发生也不会离开，我会一直等爸爸回来，再一起把东西搬到车上。

让孩子做好非暴力沟通的准备

有的家长听了我们的课程之后误以为，非暴力亲子沟通意味着对孩子要无条件地满足其所有的要求或放任不管，这其实是对非暴力沟通的误解。在对孩子的束缚和绝对的自由之间，还有另外一条路径，即和孩子一起发现让他满足的内在需要。

非暴力沟通是对孩子完全的接纳和无条件的爱，让孩子感受到你对他的尊重。父母在非暴力亲子沟通的过程中始终牢记亲子目标，远离评判、批评、责备和命令，用尊重的态度倾听孩子的需要，让自己和孩子的内心牢牢地联结在一起。在非暴力沟通中，你关注和诚实地表达你的需要，倾听孩子的需要，与孩子联结在一起，而不是证明你是对的。让孩子服从你、成为你期待的那样从来就不是你沟通的目标，你所要做的是让孩子和你一起达成亲子目标。

当孩子在公共场所大喊大叫，我们必须及时制止，但是我们不会说“闭嘴，不然我就不要你了”，而是说“你能过来跟爸爸 / 妈妈说说你在做什么，为什么这么做吗？”

我们也不会放弃自己的价值观，迁就孩子的价值观念。例如，当孩子因为和同学观念不一致和同学发生冲突的时候，我们不会说“我支持你”，而是通过倾听了解他为什么这么做，如果孩子的想法是合理的，那我们将会和孩子达成一致，如果孩子的想法是不合理的，我们将通过非暴力沟通让他们理解我们的需要，设法去影响孩子。

当孩子的行为威胁到自身或他人的需要和安全的时候，如果没有足够的时间沟通，我们甚至会使用强制力。比如，幼儿和学龄儿童在商场的自动手扶电梯上跑上跑下的时候，不论他们是否能听从我们的要求，我们都要使用强制性行为及时制止孩子的危险行为。只能在事后再倾听孩子的需要，表达我们的需要，提出我们的请求。为了让孩子更好地适应不同的沟通模式，父母还要在非暴力沟通中帮助孩子识别他人的沟通和行为模式，教会孩子去了解他人的感受和需要以及一些有效的应对技巧，学习不同的沟通模式。

强制力又分为防御性和惩罚性强制力。使用防御性强制力的父母把孩子当作一个独立的个体，尊重和接纳孩子的个人价值观念。如果父母使用防御性强制力，之后的亲子沟通会基于对孩子言行的观察，只针对孩子会伤害自己、伤害他人或违背社会规则的行为，而不涉及孩子的品质。然后向孩子表达自己的感受、需要，最后向孩子提出自己的请求。例如，当孩子拿着利器和同伴打闹的时候，父母可以强制孩子把利器交给父母。在孩子的伙伴离开之后可以和孩子说："看到你拿着小刀和小伙伴打闹，我感到非常担心，因为我期望你们在一起玩耍的时候是安全的，从今天开始遇到同样的玩耍方式要使用安全的玩具。"

使用惩罚性强制力的父母往往把孩子当作自己的附属，不承认孩子可以有独特的价值观念，会对孩子不符合父母价值观念的行为采取惩罚性措施。在对孩子实施强制行为之后的亲子沟通会对孩子的行为进行评判，甚至是指责、命令或要求孩子按照父母的价值观念行事。例如，如果父母在孩子拿着利器和小伙伴打闹的时候，父母强制孩子放下利器，批评孩子说："你太不懂事了，扎到人怎么办。扣你三个月零花钱。以后再敢拿着刀子打闹看我怎么收拾你。"这就属于惩罚性强制力。

在非暴力沟通中，孩子能够感受到父母的无条件接纳、尊重和爱，同时也能感到父母的力量和意志力，孩子会在这种沟通中感受到安全。所以，在以后的生活中即使遇到不公正、不合理的斥责，以及无理要求等暴力沟通方式，孩子内心也有足够的力量应对让自己不舒服的其他沟通模式，有能力正确解读对方的感受、想法、需要，做出恰当的反馈，对于伤害自己的语言和行为有足够的方法和力量做出有效的应对。

将冲突作为问题解决的开始

有的父母在亲子沟通中能够很好地使用非暴力语言，但是并不完全理解非暴力沟通的内涵，在沟通中不能保持客观心态，把孩子当作自己的附属，常常带着因为自己或者孩子的问题而对孩子产生的不满、怨恨与孩子沟通。只是为了满足非暴力沟通的要求，在沟通的过程中压抑自己的感受，戴着面具和孩子沟通。久而久之，当内心怒火再也压抑不住的时候，父母就有可能把情绪宣泄出来，甚至会因为鸡毛蒜皮的小事情发生亲子冲突。

例如，父母带着“小孩子就应该把房间整理得干干净净”“如果孩子不按我说的方法扫地，就是不听话”“我是孩子的妈妈，他就应该听我的，否则就是不懂事”之类的想法和孩子沟通，一旦孩子没有满足父母的期待，父母难免会指责孩子。有时即使父母能够压抑怒火，不想让自己的情绪伤害孩子，孩子依然能够敏感地感受到父母内心对他的不满。这时孩子就会很自然地拒绝和父母建立良好的沟通关系，与父母产生冲突、敷衍父母或者完全被动地顺从。父母如果把亲子间的分歧、问题看作家庭成员联结的机会，坚信关注孩子的需要可以解决分歧和问题，就会避免和消弭大部分亲子冲突。

父 / 母：我看到当我跟你说“请你把你房间的地板拖一下，尤其是包括床下、桌子、椅子、柜子下面容易被忽视的地方一定要拖干净”的时候，你把头歪过去。你是否愿意告诉我你听到了什么？

在非暴力沟通中请孩子倾听自己。

孩子：你又指使我干我不愿意干的事情。

父 / 母：你能告诉我你的感受和想法吗？

请孩子诚实地表达自己。

孩子：我感到很不痛快，你总是在我有事的时候指使我干这干那，烦不烦啊！

父/母：刚刚我让你拖地的时候你感到不痛快、烦躁。你认为我总是在你做自己事情的时候打扰你？

孩子：我不需要你管东管西，房间脏了我会自己收拾的。

父/母：你期望获得更多的自由？

孩子：我已经17岁了，自己知道应该做什么、不做什么。

父/母：听到你说自己知道应该干什么和不干什么，我认为你的意思是说你会为自己负责，我感到很高兴，因为我看重责任。

孩子：也许吧……

父/母：如果你愿意，你能够告诉我对于我刚才说的话的想法吗？

孩子：也许我还不能完全为自己负责。

父/母：你的意思是有时你还需要父母的帮助。

孩子：是的。

父/母：如果你愿意，我想和你谈谈为什么让你拖地。

孩子：为什么？

父/母：当我看到你的房间地面上落了厚厚的一层灰，我感到很担心、忧虑，因为我看重健康。

孩子：也没有那么严重。

父/母：现在是冬春之交，是呼吸道传染病的高发季节，我期望你能够把房间打扫干净。

孩子：我需要你让我自己决定何时拖地。

父/母：你期望能够自主决定打扫房间的时间，为自己的健康负责，是吗？

孩子：是的。

父/母：如果你愿意，你可以告诉我你期望我什么时候、在什么情况下向你提出请求。

非暴力沟通提出请求的四个要素：没有评判的观察、感受、需要、提出请求。例如，“当我看到/听到……我感到……因为我希望/期待/看重/需要……你是否愿意……”

孩子：我写作业的时候、和同学说话的时候、打游戏的时候不要跟我说话。我在客厅里随便翻看电视的时候，没事在家里闲逛的时候，你可以让我做事。

父/母：你的意思是说期望我在你认为自己空闲的时候提出我的请求。如果开饭了，你还在写作业、和同学聊天、打游戏，我是否可以要叫你一起端菜、拿餐具?

孩子：有的时候作业写不出来，游戏不过关我很烦，你那个时候叫我做事，我根本什么都听不进去。如果一切顺利，我写完一道题，或者游戏通关了，就可以马上和爸爸妈妈一齐端东西吃饭了。我和同学通电话一般也没有什么重要的事情，但是你那么大声叫我，如果这个时候听从你，同学会笑话我，要是你小点声，同学听不见，我很快就会挂电话的。

父/母：你的意思是期望我能够关注到你的情绪。当你感到愉快的时候，你很愿意马上做家务；当你情绪不好的时候，我要照顾到你的情绪。很高兴你能够跟我说这些感受和需要，我也会尽力做到关注你的感受和需要。

孩子：如果你理解我，我也愿意和你一起做一些事情。不过，你也不要因为我没有马上去做，就立刻着急、发火。

如果亲子冲突来自之前父母和孩子的亲子沟通问题，父母要给孩子时间，让他忘记之前遭受指责的不快，让孩子知道父母已经把他当作独立的个体来尊重，孩子会慢慢学会倾听你的需要，完成你的请求。冲突就转化为联结亲子双方强有力的黏合剂。

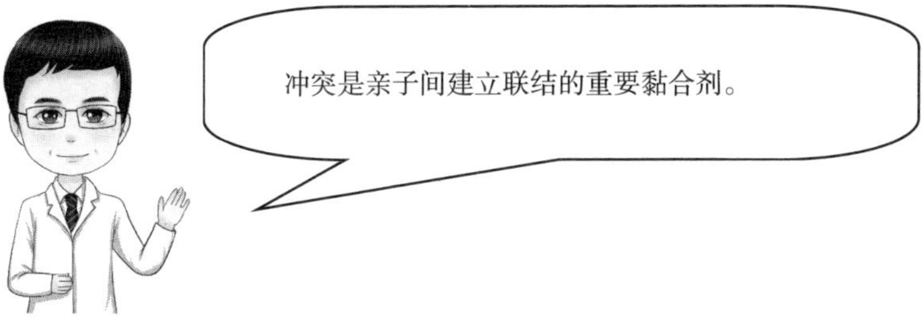

练习

下列哪些句子是将孩子当作独立个体的请求?

1. 请你不要把水弄到地上。

2. 如果你愿意，不要打扰爸爸睡觉。

3. 请你务必在 11:00 以前完成作业，否则我们明天就不去公园了。

4. 当我听到你从晚上 11:00 点开始给同学打了一个小时的电话，我感到有些忧虑，因为我看重健康。如果你愿意，我希望你每天 11:00 点之前入睡。

5. 请你和妈妈一起把房间打扫一下，你负责用这条抹布把沙发、茶几、鞋柜和电视机柜上的浮灰和脏东西擦干净，好吗?

6. 你现在必须马上回自己房间睡觉，否则爸爸就生气了。

7. 如果你愿意，你可以每周制订一个计划，规划一下自己的学习和娱乐时间。

8. 你帮妈妈把围巾拿过来。

第一句、第二句是命令。当父母说“不要”的时候，通常并不能让孩子准确无误地了解父母的请求是什么，因而不具有可执行性。所以，当父母对孩子说“不要”的时候，一般孩子会把父母说的话当作命令，而非请求。如果是请求，父母会说“请在洗碗的时候尽量把碗放在水池边缘以下，把水开小一点，这样可以防止水溅到水槽外边”以及“爸爸刚下夜班，非常疲惫，需要休息，如果你愿意请把音乐声音调低”。

第三句、第六句是命令，父母使用了“务必”“必须”“一定”类的词汇，另外父母还告诉孩子如果不按照父母的意思去做，就会遭到惩罚或者引发父母的愤怒。如果是请求，父母会说“当我看到你玩到晚上9:00，还没有开始写作业，爸爸感到生气，因为我看重承诺，请你现在开始写作业，按你平时的速度，会在11:00以前完成作业”以及“看到你现在还看电视，不回自己的房间睡觉，爸爸感到生气，因为我看重健康，请你现在回房间睡觉”。

第四句、第五句是请求。父母使用了观察、表达了自己的感受和需要，最后提出了清晰可执行的请求。

第七句、第八句也是请求。父母提出了具体和可执行的请求。当然，如果父母因为请求没有被执行而感到愤怒，就有可能是隐含的命令。很多父母在亲子沟通中能够很好地使用沟通技巧，但是当被孩子拒绝的时候却勃然大怒，严重地破坏了沟通的成果。要保证沟通的效果，就需要父母在没有达到自己的期待时，仍然能够愿意与孩子再次沟通，甚至是反复沟通。

请求和命令的最主要区别在于，请求把孩子当作一个独立的个体。如果父母能够把孩子当作独立的个体，就会尊重孩子的需要，同时也能够向孩子表达自己的需要，尽可能在沟通中满足双方的需要。而命令则是把孩子当作自己的附属，忽视孩子的需要，或者不敢向孩子表达自己的需要。第八句看似仅仅是妈妈要求孩子做事情，实际上在这个互动的过程中满足了孩子相互关心和照顾的需要。